超级大脑

优秀学生超爱玩的逻辑思维游戏大全

主编 张祥斌
编委 刘海燕 陈学慧 赵 赟 李冰凌
　　　王忠波 展 超 郝志丹 孟祥龙
　　　刘 波 何利轩 郭春焱 修德武

哈尔滨工业大学出版社
HARBIN INSTITUTE OF TECHNOLOGY PRESS

图书在版编目（CIP）数据

超级大脑.优秀学生超爱玩的逻辑思维游戏大全/
张祥斌主编.—哈尔滨：哈尔滨工业大学出版社,2017.1
　　ISBN 978-7-5603-5938-0

　Ⅰ.①超… Ⅱ.①张… Ⅲ.①智力游戏－少儿读物
Ⅳ.①G898.2

中国版本图书馆CIP数据核字(2016)第071700号

策划编辑	常　雨
责任编辑	张　瑞
装帧设计	恒润设计
出版发行	哈尔滨工业大学出版社
社　　址	哈尔滨市南岗区复华四道街10号　邮编150006
传　　真	0451-86414749
网　　址	http://hitpress.hit.edu.cn
印　　刷	哈尔滨石桥印务有限公司
开　　本	787mm×1092mm　1/16　印张13　字数300千字
版　　次	2017年1月第1版　2017年1月第1次印刷
书　　号	ISBN 978-7-5603-5938-0
定　　价	28.00元

（如因印装质量问题影响阅读，我社负责调换）

前　言

　　一个人的逻辑思维能力并不是一下就能培养和发展起来的，它需要有一个长期的训练过程。认知心理学家指出："逻辑思维能力的发展是寓于知识发展之中的。"所以，对于每一个问题，我们既要考虑它原有的知识基础，又要考虑它下联的知识内容。只有这样，我们才能更好地激发思维，并逐步形成知识脉络。实际上，提高逻辑思维能力的关键就在于要使思维脉络清晰化，思维脉络的重点理清了，一切问题也就迎刃而解了。

　　生活中，逻辑无处不在。无论我们是有意还是无意，逻辑无时不在服务于我们的生活。然而逻辑到底是什么，也许并没有太多的人有很清楚的概念。我们知道有些人平时表现得非常聪明伶俐，但是逻辑性却不是很突出。他们有逻辑思考的能力，但是这种能力显然还没有成为本能。造成这种情况的原因，可能是因为他们进行逻辑思考的能力从来没有被系统地训练过。

　　一个人的逻辑思维能力在发展的过程中有时会出现"卡壳"的现象，会发生一些转折，这就是思维的障碍点。思维在遇到障碍点时，就意味着你应学会适时地加以疏导、点拨，促使思维转过来，并以此为契机促进思维发展。比如，在解决问题时，我们常常需要把面对的问题通过转化、分析、综合、假设等变化成已解决过的问题。那么在这个思维的过程中，我们就需要依据具体情况恰当地运用分析与综合、具体与抽象、求同与求异、一般与特殊等思维方法。通过这些思维方法的运用，我们的逻辑思维能力通常都会有较大的突破。

　　本书的目的不是教你学会多少专业的逻辑学理论，而是通过一些我们常用的思考问题的方法、逻辑训练题型，引导读者克服思维障碍，在潜意识中逐步提高逻辑思维能力。本书收录了大量的逻辑思维训练题，尽量着眼于实用、有趣，但是对逻辑思维方面要求较高，希望能对读者朋友学习和运用逻辑知识有所帮助。

　　相信阅读完本书后，你的逻辑思维能力会有一个质的飞越！

编者
2016年4月

目录 CONTENTS

第1章 数理逻辑 1

1　与众不同 / 3
2　判断共同点 / 3
3　逻辑关系 / 3
4　巧摆十字 / 4
5　风车填数 / 4
6　三角填数 / 4
7　田字填数 / 5
8　3个田字 / 5
9　重排数字 / 5
10　最大和最小 / 6
11　数字叠罗汉 / 6
12　数字三角形 / 6
13　三角形中心 / 7
14　数字三角形组合 / 7
15　数字正方形 / 7
16　数字序列 / 8
17　数字分圆 / 8
18　数字马赛克 / 8
19　数字领结 / 9
20　算出问号处的数值 / 9
21　数字圆环 / 9
22　数字六角星 / 10
23　对调数字 / 10
24　调整数字 / 10
25　六环填数 / 11
26　圆圈中的思考 / 11
27　数字正方形 / 11
28　金字塔填数 / 12
29　巧算"20" / 12
30　26之谜 / 12
31　趣调数字 / 13
32　填数字 / 13
33　趣味填数 / 13
34　填数求和 / 14
35　巧填数字 / 14
36　填数难题 / 14
37　数字六角星 / 15
38　占位的小8 / 15
39　摆数 / 15
40　星形幻方 / 16
41　六边形填数 / 16
42　七连环 / 16
43　绝妙八环 / 17
44　七星数阵 / 17
45　魔力圆圈 / 18
46　八角形与问号 / 18
47　数字长方形 / 18
48　数字图形组合 / 19
49　前两个数 / 19
50　数字键盘 / 19
51　另类的数字密码表 / 20
52　数字方格 / 20
53　方阵填空 / 20
54　数字楼层 / 21
55　方格填数 / 21
56　求和填数 / 21
57　纵横填数 / 22
58　巧填偶数 / 22
59　数字魔方 / 22
60　一串珠子 / 23
61　三重考验 / 23
62　数字圈套 / 23

63 立方体填数 / 24
64 两个问号 / 24
65 寻找另类 / 24
66 数字之旅 / 25
67 最大值和最小值 / 25
68 数字与线路 / 25
69 移牌游戏 / 26
70 巧摆纸牌 / 26
71 划分数字图形 / 27
72 巧分图形 / 27
73 剪与拼 / 27
74 符号填空 / 28
75 运算符号（一）/ 28
76 运算符号（二）/ 28
77 运算符号（三）/ 29
78 填上运算符号 / 29
79 趣味移数 / 29
80 乐呀乐 / 30
81 字母换数 / 30
82 图案填空 / 30
83 符号换数 / 31
84 数字填空 / 31
85 字母数值 / 31
86 钟表读数 / 32
87 正确时间 / 32
88 水果天平 / 32
89 平衡状态（1）/ 33
90 平衡状态（2）/ 33

第2章 字母逻辑 ▶▶ 35

1 字母接龙（1）/ 37
2 字母接龙（2）/ 37
3 字母接龙（3）/ 37
4 字母接龙（4）/ 38
5 字母接龙（5）/ 38
6 "Z"的颜色 / 38
7 找规律填字母 / 39
8 破解字母密码 / 39
9 字母卡片 / 39
10 字母转盘 / 40
11 字母方圆 / 40
12 字母桥梁 / 40
13 字母瓶颈 / 41
14 字母纵横 / 41
15 字母连环 / 41
16 字母围墙 / 42
17 字母通道 / 42
18 字母窗口 / 42
19 字母大厦 / 43
20 字母十字架 / 43
21 字母正方形 / 44
22 字母铺路石 / 44
23 字母向心力 / 45
24 字母密码本 / 45
25 字母的数字含义 / 46
26 缺少的字母 / 46
27 找规律填字母 / 46
28 看图片找规律 / 47
29 数字和字母的关系 / 47
30 数字和字母 / 47
31 "数字+字母"圆盘 / 48
32 "数字+字母"转盘 / 48
33 破解"数字+字母"密码 / 48
34 "数字·字母"正方形 / 49
35 填什么数 / 49
36 填哪个数 / 49
37 按规则填字母（1）/ 50
38 按规则填字母（2）/ 50

39 按规则填字母（3）/ 51
40 缺失的字母 / 51
41 找规律 / 51
42 字母方阵（1）/ 52
43 字母方阵（2）/ 53
44 打开保险箱 / 54
45 藏宝箱 / 54

第3章 图形逻辑 ▸▸ 55

1 平面图与立方体（1）/ 57
2 平面图与立方体（2）/ 57
3 图形填空（1）/ 57
4 图形填空（2）/ 58
5 数字拼图 / 58
6 选择拼图 / 58
7 长方形拼图 / 59
8 拼长方形 / 59
9 图形配对 / 59
10 组成正方形 / 60
11 椭圆拼图 / 60
12 弯弯的月亮 / 60
13 选择匹配 / 61
14 黑格分图 / 61
15 划分图形 / 61
16 趣味划分 / 62
17 巧分方格 / 62
18 不同手势 / 62
19 五边形上的点 / 63
20 如何拼图 / 63
21 四盒积木 / 63
22 图形大厦 / 64
23 被分割的正方形 / 64
24 找出另类图形 / 64
25 与众不同的图形 / 65
26 与众不同的正方形组合 / 65
27 与众不同的立体图形 / 65
28 与众不同的地砖 / 66
29 与众不同的地砖组合 / 66
30 与众不同的图形组合 / 66
31 培养器皿 / 67
32 图形拼盘 / 67
33 放射状图形 / 67
34 图形集合 / 68
35 巧拼花色 / 68
36 图案补全 / 68
37 巧妙连线 / 69
38 最长路线 / 69
39 寻找通道 / 69
40 逛街路径 / 70
41 图案填空 / 70
42 巧填箭头 / 70
43 拐弯箭头 / 71
44 黑白风筝 / 71
45 人物图案 / 71
46 对应关系 / 72
47 对应图案 / 72
48 鱼的序列 / 72
49 图形序列（1）/ 73
50 图形序列（2）/ 73
51 图形序列（3）/ 73
52 图形填空 / 74
53 花墙纸 / 74
54 巧填图案 / 75
55 火柴棍游戏 / 75
56 巧移火柴 / 75
57 图形变单词 / 76
58 填花饰 / 76
59 面积几何 / 76

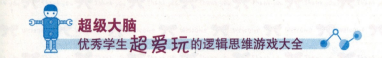

第4章 统筹逻辑 ▶▶ 77

1 赛马 / 79
2 开会之前 / 79
3 哪一天相遇 / 79
4 理发顺序 / 79
5 最短管路长度的设计 / 80
6 最短路径 / 80
7 空驶里程最短 / 81
8 运费最省 / 81
9 管道搭配 / 81
10 多少支蜡烛 / 82
11 唐老鸭卖鸭蛋 / 82
12 找零难题 / 82
13 不同的安排 / 82
14 耗油量最少 / 82
15 总时间最少 / 83
16 集中到哪个仓库 / 83
17 阿凡提分马 / 83
18 分油问题 / 83
19 公平分配 / 84
20 如何平分苹果酒 / 84
21 一半唱片 / 84
22 停业的酒店 / 84
23 如何分酒 / 85
24 分盐 / 85
25 酒肆老板娘的难题 / 85
26 三人分油 / 85
27 分牛奶 / 85
28 六艘汽船 / 86
29 三人过河 / 86
30 虎牛渡河 / 86
31 远足者过河 / 86
32 母子过河 / 87
33 过河 / 87
34 过桥问题 / 87
35 帕费姆夫人的香烟 / 87
36 换马 / 88
37 病人搬家 / 88
38 搬家 / 89
39 火车交会 / 89
40 烟鬼戒烟 / 90
41 酒鬼夫妻 / 90
42 肥肉和瘦肉 / 90
43 如何过河 / 90
44 四人用水 / 91
45 多少人能获救 / 91
46 调饮料 / 91
47 商人卖水 / 91
48 修复车床 / 91
49 阿尔的零用钱 / 92
50 邮递员的路线 / 92
51 环球飞行 / 92

第5章 幽默逻辑 ▶▶ 93

1 如何租到房子 / 95
2 路牌 / 95
3 无能为力 / 95
4 结婚与治国 / 96
5 中国血统 / 96
6 这个城市的人很有钱 / 96
7 智者的幽默 / 96
8 总统保密 / 97

目 录

9 买蛋糕 / 97
10 最佳方案 / 97
11 生米饭 / 98
12 新兵 / 98
13 他回答了什么 / 98
14 一场空欢喜 / 99
15 进退两难 / 99
16 几个爹 / 99
17 笑什么 / 99
18 地主的吹嘘 / 100
19 自夸 / 100
20 第四个傻瓜 / 100
21 单数和复数 / 101
22 辩驳先生 / 101
23 只要年轻就好 / 102
24 爱听奉承话的胖大嫂 / 102
25 辣嫂巧戏县官 / 103
26 一副对联 / 103
27 吕安访友 / 104
28 哑联兴味 / 104
29 讥讽药方 / 104
30 王冕对字谜 / 105
31 如此新娘 / 105
32 莲船队骂贪官 / 106
33 纪晓岚题字戏和珅 / 106
34 狗屁分三等 / 106
35 袁世凯挽联 / 107

36 幽默的吴佩孚 / 107
37 巧设悬念 / 107
38 加一行字 / 108
39 安徒生的反击 / 108
40 李斯特的反击 / 108
41 真是那样 / 109
42 丈母娘的考问 / 109
43 胆大包天 / 109
44 莫泊桑的大胡子 / 110
45 虚构的钓鱼故事 / 110
46 洞察天机 / 110
47 大废纸篓 / 111
48 机智的回答 / 111
49 丘吉尔的反击 / 111
50 浴盆中会面 / 112
51 谁能代表工人阶级 / 112
52 编辑的回答 / 112
53 编辑的反击 / 113
54 夸夸其谈的诗人 / 113
55 签字的腿 / 113
56 作家和皮箱 / 114
57 肯尼亚动物园 / 114
58 出言不逊的年轻人 / 114
59 电话没打错 / 114
60 挤柠檬 / 115
61 他该如何回答死亡率 / 115
62 有趣的比赛 / 116

第6章 逻辑探案 ▶ 117

1 爱因斯坦的世界性难题 / 119
2 警长判案 / 119
3 张三有罪吗 / 120
4 嫌疑犯与真凶 / 120
5 杀人犯、抢劫犯和无辜者 / 120
6 谁是抢劫犯 / 121
7 珠宝店被盗 / 121

8 谁偷了东西 / 122
9 审讯嫌疑犯 / 122
10 说真话的是谁 / 122
11 谁是罪犯 / 123
12 谁是哥哥 / 123
13 猜牌辨兄弟 / 123
14 石头、剪子、布 / 124

15 划拳游戏 / 124
16 花瓣游戏 / 124
17 古董碎了 / 125
18 谁差钱 / 125
19 超市失窃案 / 125
20 警务人员 / 126
21 无法离婚 / 126
22 谁和谁结成了夫妻 / 126
23 阴晴不定的巡逻 / 127
24 判断国籍 / 127
25 名次该如何排列 / 127
26 查出真相 / 128
27 找出武器 / 128
28 不可思议的赛跑 / 128
29 谁是领头 / 129
30 昨天手枪，今天步枪 / 129
31 猜名次 / 129
32 警察局里的拔河比赛 / 130
33 谁是最佳警员 / 130
34 谁在说谎 / 130
35 误入歧途 / 131
36 嫌疑犯的血型 / 131
37 向导 / 131
38 河水能喝吗 / 132
39 B城人的头发 / 132
40 死亡原因 / 132
41 律师们的供词 / 133
42 琼斯警长的奖章 / 133
43 最佳警员 / 134

44 忘记关门 / 134
45 侦探的问话 / 134
46 嫌犯家庭的性别组成 / 135
47 家庭谋杀案 / 135
48 姻亲关系 / 135
49 是否参与作案 / 136
50 星期几干的 / 136
51 谁是受害者 / 136
52 谁是无辜者 / 137
53 前额上系的是什么牌 / 137
54 主犯是谁 / 137
55 犯人的高矮胖瘦 / 138
56 专案小组 / 138
57 谁击毙了逃犯 / 139
58 谁是凶手 / 139
59 哪个是最佳专案小组 / 140
60 三人专案小组 / 140
61 武林侦探 / 141
62 警车去向 / 141
63 穿蓝色大衣的间谍 / 141
64 五人专案小组 / 142
65 专案小组X和专案小组Y / 143
66 个个撒谎 / 144
67 说谎岛上的运动会 / 144
68 干练的警员 / 145
69 嘉利与珍妮 / 145
70 轮流值班 / 146
71 手枪和枪套 / 147
72 百万名钻遭窃 / 148

答案 ▸▸▸ 149

第1章

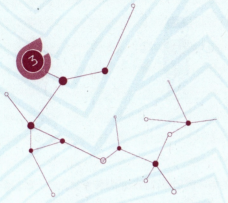

数理逻辑

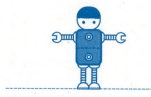

生活中天天离不开的数字就是逻辑游戏的最佳素材之一。我们最经常使用的阿拉伯数字虽然只有10个——0、1、2、3、4、5、6、7、8、9,但这10个数字的不同组合,所代表的数字数量简值就是一个"天文数字";在这10个数字之间加上运算符号,又可以转换成数不清的数字。数理逻辑游戏就是一种通过寻找或利用数字之间的变化规律来获得答案的智力游戏,对逻辑思维的培养具有积极的作用,被人们誉为"数字体操",在世界上十分普及。只要正确运用逻辑思维,看似纷繁复杂的数字游戏就会迎刃而解。

第1章 数理逻辑

1 与众不同

请你观察一下图中的4个梅花图案,这4个极为相似的图案中都含有数字1~21,其中3个图案含有某种规律,只有一个图案与众不同。请你找出这个与众不同的图案。

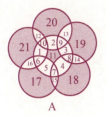 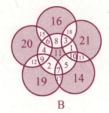 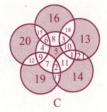 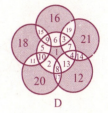

A　　　　　　　　B　　　　　　　　C　　　　　　　　D

2 判断共同点

判断图A、图B之间有什么共同点,然后在问号处填入适当的数字。

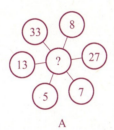 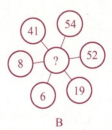

A　　　　　　　　　　　　　　B

3 逻辑关系

请在B栏下面的5个数字中,选出与A栏的3个数字有逻辑关系的一个数。

A	351	282	420
B		532	376
	136	435	224

4 巧摆十字

请将数字1、2、3、4、5分别摆成十字形，使横向的3个数字和竖向的3个数字之和相等。它们的和可以为8、9、10。

5 风车填数

请将数字1~9分别填入风车图中的小圆圈内，使A、B、C、D这4个叶片上的数字之和都等于16。

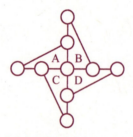

6 三角填数

请将数字2、4、6、8填入图中小圆圈内，使图中的6个以圆圈为顶点的三角形(4条黑线，2条虚线)上的数之和都是15。试试看，你能很快填出来吗？

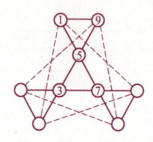

7 田字填数

请把数字0、1、2、3、4、5、6分别填入图中空格内，使每个（共3个）田字格内的4个数之和都相等。想想看，你能很快填出来吗？

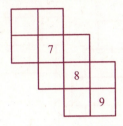

8 3个田字

请将数字1、2、3、4、5、6分别填入图中的空格内，使每个（共3个）田字格内的4个数之和都相等。想想看，你能填出来吗？

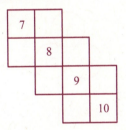

9 重排数字

请重新排列下图中的数字1~10，使横向、纵向或斜向的格子内不得出现连续的数字。

10 最大和最小

请在金字塔A中填入数字1~9，使每边的4个数字之和相同，且4个数字之和最小。在倒金字塔B中填入数字1~9，使每边的4个数字之和相同，且4个数字之和最大。

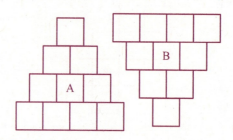

11 数字叠罗汉

请破解图中3组数字的分布规律，算出问号处应填的正确数字。

12 数字三角形

下图中问号处应填入的数字是什么？为什么？

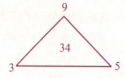 

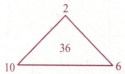 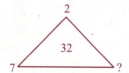

13 三角形中心

请破解图中3组数字的分布规律，在C选项的问号处填上正确的数字。

A

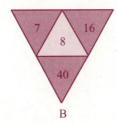
B

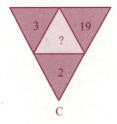
C

14 数字三角形组合

请破解各选项上数字的分布规律，算出C选项中问号处应填的正确数字。

A

B

C

15 数字正方形

在下面4个数字图形中，哪一个选项与其他选项"不同"？为什么？

A

B

C

D

16 数字序列

图中的数字是按一定的规律排列的，请破解并算出图中问号处应填的正确数字。

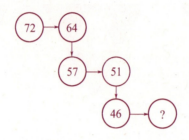

17 数字分圆

请破解图中3个选项中各数字的分布规律，在C选项的问号处填上正确的数字。

  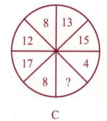

      A   B   C

18 数字马赛克

请破解下图中数字的分布规律，算出问号处应填的正确数字。

   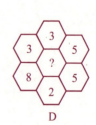

  A   B   C   D

19 数字领结

下图中两个领结上的数字有一定的逻辑关系,请破解并算出图中问号处的正确数字。

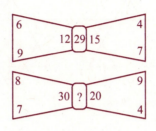

20 算出问号处的数值

下图中A图和B图中的数字,从左上角开始,沿顺时针方向按一定规律分布,分别算出A图和B图中问号处应填的正确数字。

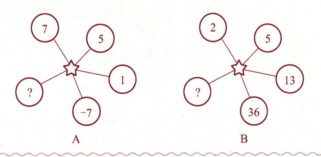

21 数字圆环

请破解图中数字的分布规律,算出图中问号处应填的正确数字。

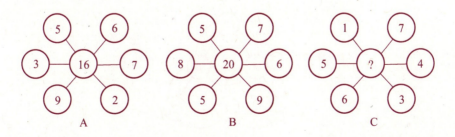

22 数字六角星

请破解下图中数字的分布规律，算出问号处应填的正确数字。

A

B

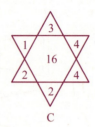
C

D

23 对调数字

这里有4个圆环，上面有规律地填写着数字1~9。请将格内的一对数字交换一下位置，使每个圆环上的4个数字之和都相等。试试看，你能很快找出来吗？

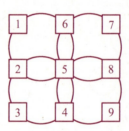

24 调整数字

调整下图中的数字，使每条直线上的3个数之和都等于12，每个圆环上的3个数之和都等于9。想想看，你能很快完成吗？

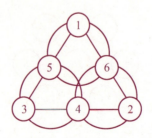

25 六环填数

图中大小6个圆环上,有9个方格,请把数字1~9(6已填好)分别填入空格内,使每个圆环上的4个数之和都等于20。试试看,你能很快填出来吗?

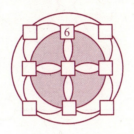

26 圆圈中的思考

如图所示,下面的图形中共有9个圆圈,每3个圆圈都有一条直线连接。如何在这9个圆圈中分别填上阿拉伯数字1~9,使得每一条直线连接的3个圆圈中的数字之和都相等。

27 数字正方形

4个正方形内写着数字1、2、3、4、5、6、7,每一个正方形内的数字之和都是9。如果要使数字之和为10或者11,你能调整一下数字,使之符合题目要求吗?

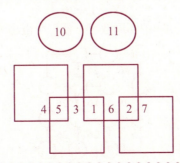

28 金字塔填数

请将1~9填入金字塔上的小圆圈内，使a、b、c、d这4个三角形上的数字之和都等于17。

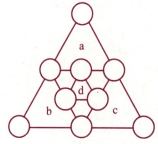

29 巧算"20"

斜向算一下圆环内的数字之和：6+4+10=20；8+3+9=20。

请在圆环内填入4个适当的数，使每个圆环内的数之和都等于20。试试看，你能行吗？

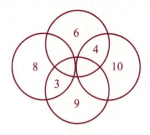

30 26之谜

图中两条线上的3个圆圈内的数字之和都等于26：

14 + 8 + 4 = 26；
7 + 6 + 13 = 26。

请在其余空格内填入1~14中的不同数字，使每个由小圆圈组成的小正方形上的4个数之和都等于26。

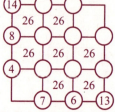

31 趣调数字

这是一个非常好玩的数字游戏。请看：它们是由三角形、圆形和正方形组合的一个图形，共划分出7个区域，将数字1、2、3、4、5、6、7分别填入其中，3种几何图形内的4个数字之和恰好相等，都等于19。如果把这些数字做些调整，它们的和还可以是13、14、15、16、17、18。试试看，你能调整成功吗？

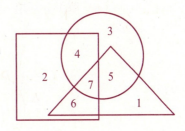

32 填数字

在下图中的空白处填入适当的数字（1~9），使得每行、每列和对角线上的数字之和都等于27。

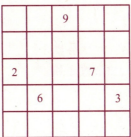

33 趣味填数

请在空格内填入7、8、9、10、11、12、13、14、15、16、17、18各数，使每条直线上的数之和都相等。试试看，你能填出来吗？

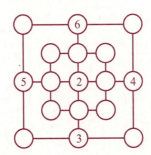

34 填数求和

　　圆内填数是一种非常有趣的数学智力游戏,它与数独有着异曲同工之妙。
　　请把1～16(5已填)分别填入图中,使每一个圆内的数之和都等于55。试试看,你能填出来吗?

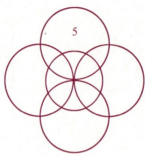

35 巧填数字

　　请把数字1、2、3、4、5、6、7、8分别填入每组的圆圈内,使每条直线上3个数之和等于方格内的数字。
　　试试看,你能全部填出来吗?

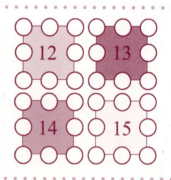

36 填数难题

　　请在题中的圆圈中填入数字1～23,使每条直线上的2个、3个或4个数字相加之和都相等。

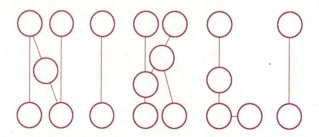

37 数字六角星

请把1~13这些数字分别填入圆圈内,使每个小四边形上的4个数之和都等于28。试试看,你能很快填出来吗?

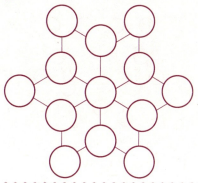

38 占位的小8

23和41是用数字1、2、3、4组成的2个两位数,看似没有什么特别之处。下面,我们用它来完成这样一个有趣的数学游戏。

在图中的这个七角星内,填入1~15这些数,8已填好,使每个小菱形上的4个数字之和为23。如果说你能够完成,那好,再重新填入一次,使每个小菱形上的4个数字之和为41。

不过,数字8的位置是不能变的。你有办法完成吗?

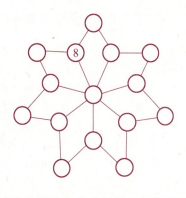

39 摆数

图中6个圆圈内摆放着1~12这12个数字,每一个圆环内的3个数之和为17。能不能调整一下这些数字,使每个圆环内的3个数字之和为22呢?想想看,来试着调一下吧。

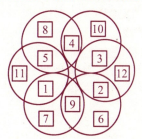

40 星形幻方

你能否把数字1~10填入图中空格处,使每一条直线上的数之和都为30?

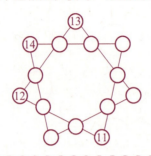

41 六边形填数

这里有4个六边形,每个六边形上有12个圆圈。请你将数字1~12分别填入每个六边形的圆圈内,使每条边上的3个数之和与其中心的两位数相吻合。

试试看,你能全部填出来吗?

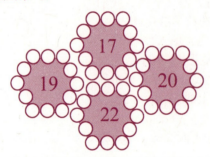

42 七连环

在相连的几个圆环上填数,使得每个圆环上的数之和为定值,我们称其为"X连环",它也是一种与数独相似的数学智力游戏。

这里有7个相连的圆环,我们在上面画了21个小圆圈。请你在小圆圈内填入1~21这些数字,使每个圆环上的5个数字之和都等于55。呵呵,找到规律就好填了。

试一试,你能填出来吗?

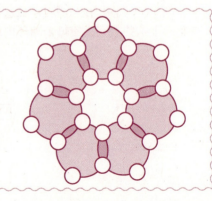

43 绝妙八环

这里有8个相连相扣的圆环。上面摆着16个小圆圈，要求在圆圈里填入5~20这16个数（部分数已填），使每个圆环上的4个数字之和都等于50。

你能填出来吗？

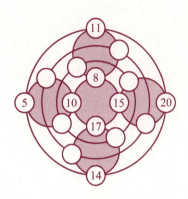

44 七星数阵

这是一个非常奇特的七星数阵，每一个数阵都是由1~14这些数字组成的。已知每条直线上的4个数字之和为30。你能填出来吗？

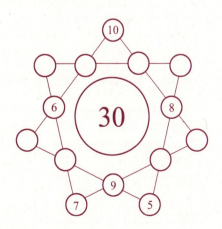

45 魔力圆圈

请将数字1~18分别填入图中圆环上的小圆圈内,使得图中任意对称的两对数字之和等于19,且每个圆环上的6个数字之和等于57。现在有3对数字已经填好了,你能把剩下的数字填好吗?

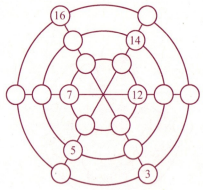

46 八角形与问号

请破解下图八角形中各数字的排列规律,在A~F中选择一个正确选项填入图中问号处。

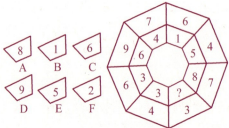

47 数字长方形

请破解下图中数字之间的规律,算出图中问号处应填的正确数字。

48 数字图形组合

请破解图中各数字的分布规律，在下图中问号处填上正确的数字。

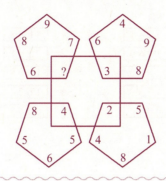

49 前两个数

图中的数字排列有某种逻辑关系，请根据这种关系填写出前两个数。

▽	▽								
?	?	8	3	1	4	5	9	4	3
7	0	7	7	4	1	5	6	1	7
8	5	3	8	1	9	0	9	9	8

50 数字键盘

图中的数字排列有某种逻辑关系，如果你能破解，就能正确算出右下角问号处应填的数字。

51 另类的数字密码表

在下图A~D中，有一个选项是不同于其他3个选项的，请找出来，并说出理由。

A	B	C	D
1 4189	1 5241	1 4888	1 6334
2 1372	2 1369	2 2161	2 0238
3 0598	3 2080	3 1009	3 4686
4 2182	4 1739	4 1674	4 1358
5 0037	5 0052	5 0043	5 0051

52 数字方格

下图中问号处应填入哪个选项的数字？为什么？

2	3	2	8
1	8	1	9
3	0	3	3
1	1	4	?

2	1	4	5	8	7
A	B	C	D	E	F

53 方阵填空

这个数阵具有这样的分布规律：每横行、竖列、对角线及每一个正方形上的4个数字之和都相等。试试看，你能很快填出空格中的数字吗？

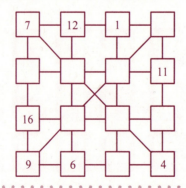

54 数字楼层

请破解图中数字的排列规律，在第5行的5个空格内分别填上正确的数字。

16	10	6	12	6
4	7	3	7	5
10	6	12	6	16
3	7	5	4	7
5	4	7	3	7
12	6	16	10	6
7	3	7	5	4
6	16	10	6	12

55 方格填数

用心寻找图中方格内数字的分布规律，填出问号处的数字。

			24			42		
					54			
18								
					63			
			23			33		
				43			31	
						?		
			32		23			
		27						
						63		
		22		24				
18								

56 求和填数

右图所示九宫格中，有4个圆圈。请你把数字1~9填入方格，使得圆圈周围方格中的数字之和等于圆圈内的数。

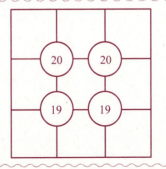

57 纵横填数

在9个格子（A~I）中填入右侧所列的9个数字，使横行、纵列和对角线上的两端数字之和减去中央的数字后都等于25。

58 巧填偶数

请将2的倍数2、4、6、8、10、12、14、16和18分别填入下面左侧的9个方格中，使这组方格的纵列、横行和斜线上的3个数字之和都等于30。再将6的倍数6、12、18、24、30、36、42、48和54分别填入下图右侧的9个方格中，使这组方格的纵列、横行和斜线上的3个数字之和都等于90。

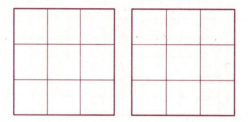

59 数字魔方

请在图中央9个空格内填上合适的数字，从而使每一行、每一列和两条对角线上的数字之和均等于259。

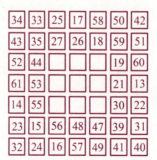

60 一串珠子

有30颗珠子,分别标有1~15各号码两次。"1"号珠子与另一个"1"号珠子之间隔着1颗珠子;"2"号珠子与另一个"2"号珠子之间隔着2颗珠子……"15"号珠子与另一个"15"号珠子之间隔着15颗珠子。请问这些空圆圈里怎样填入合适的号码呢?

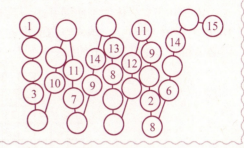

61 三重考验

右图中每个圆圈内都包含一个字母,共10个。这些字母分别代表整数1~10。请将字母用相应的数字代替,使得满足以下3个条件:

(1)每个三角形上的3个数之和等于15;

(2)每一横行中的6个圆圈内的数字之和等于30;

(3)6个平行斜列中,每一列的5个数字之和等于25。

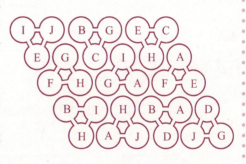

62 数字圈套

请在左图空格内填入适当的数字,使每个圆圈内的数字之和都等于62。所填数字为11~30。试试看,你能填出来吗?

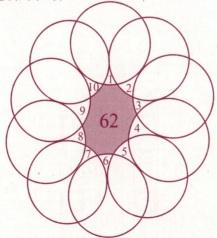

63 立方体填数

这是一张立方体的平面展开图,共有6个面,每一面都有9个小方格。请你从数字1~20中选择19个数字,填入空白的小方格内。数字可重复,但相邻的交接处的两个数字必须相同。使每一面上的任一行或任一列的3个数字之和都等于42。

64 两个问号

请破解图中4个立方体上各数字的分布规律,算出图D中两个问号处应填的正确数字。

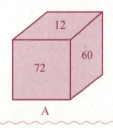
A

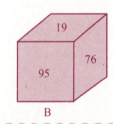
B

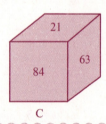
C

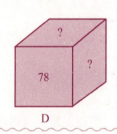
D

65 寻找另类

在A~D这4个选项中,有一个与其他3个"不同",是哪一个?为什么?

66 数字之旅

从左下角的数字4开始，走到右上角的数字3处，途中遇到黑圆圈要减去1，遇上灰色圆圈，则与圈内的数字相加，你要按什么样的线路行进，才能得到最大的数值？这个数值是多少？

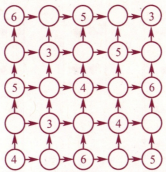

67 最大值和最小值

如果按照从左到右的顺序移动（不能从上至下移动），并将该路线上的各个数字相加，能得到的最大值和最小值分别是多少？有多少种方法可以得到40？

68 数字与线路

请从最上面的数字开始，每一次都按以下要求往下寻找出一条线路，直到最下面的一个数字为止。

（1）你能找出一条线路，使得该线路上所经过的数字之和为216吗？

（2）你能找出两条线路，并确定两条线路上所经过的数字之和都是204吗？

（3）哪条线路经过的数字之和最大？

（4）哪条线路经过的数字之和最小？

（5）有多少条线路所经过的数字之和是211？分别是哪些线路？

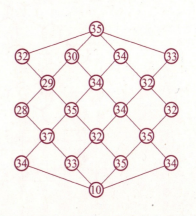

69 移牌游戏

下图每边上3张牌的点数正好是8。请你移动几张牌，使每条边上的点数变成10。你知道至少要移动几张牌吗？

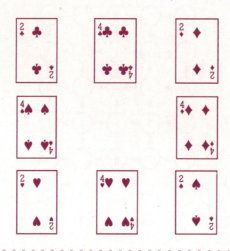

70 巧摆纸牌

请在下图中的圆圈内分别摆放纸牌A~K，表示数字1~13，使每条直线上的纸牌的点数之和都是26。你能很快摆出来吗？

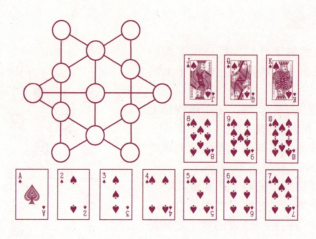

71 划分数字图形

将下面这个大方格划分成4个相同的图形，使每个图形内的数字总和相等。该如何划分呢？

9	8	4	3
3	5	8	5
4	3	4	9
3	5	8	4
9	8	9	5

72 巧分图形

下图由30个相同的三角形组成，上面分别写着数字1~30。现在请把这个图形分成形状、面积都相等的5部分，并且每一部分中的数字之和都相等。

73 剪与拼

图中有数字7~31，共25个数字。请将这些数字组成的图形剪成3块，再拼合成一个5×5的正方形，并且使各横行、纵列和对角线上的5个数字之和都等于95。应该怎样剪？怎样拼呢？

74 符号填空

请在空格内填入合适的四则运算符号（+、-、×、÷），使从左下角的数字"6"开始的数字和运算符号按顺时针方向构成合理成立的算式。

注：所有运算按先后顺序进行，不考虑先乘除后加减的运算规则。

3		2		5
	5	=	1	
6		2		3

75 运算符号（一）

下图中问号处应填上哪几种四则运算符号，才能使这道算术题成立？

| 10 | ? | 2 | ? | 7 | ? | 3 | = | 32 |

76 运算符号（二）

在图中的菱形上，数字之间的四则运算符号被省略，现在请你重新填上运算符号，并从最下方的数字9开始，以顺时针方向按各数字出现的先后顺序运算，最后的得数为菱形中心的数字。

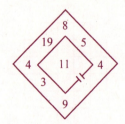

77 运算符号（三）

请在空白处填上适当的四则运算符号，然后从最上面的顶点开始，沿顺时针方向，按先后顺序运算，使最终的得数为菱形中间的数字。（注意："+ − × ÷ 4"个符号中，只有一个允许使用两次。）

78 填上运算符号

不改变数字顺序，只在12341234中添上"×、×、+"3个运算符号，使它组成等于1 177的等式。

12341234=1 177
× × +

79 趣味移数

在下面这个奇妙的算式里使用了数字4、5、6、7、8、9。现在请你移动算式中的6、7、8、9这4个数字，使之成为新的等式。应该怎样移呢？

84 × 9=756

80 乐呀乐

想想看，算式中的"乐"和"呀"表示几时，这道等式能够成立？

乐呀 − 乐 = 88
乐 + 呀乐 = 88

81 字母换数

当A、B、C、D这4个字母换成4个数字时，等号后的乘积便合理成立。你知道是哪4个数字吗？

A × B × C = 30
B × C × D = 36
C × D × A = 90

82 图案填空

下图中问号处应填入哪种图案？为什么？

83 符号换数

下面的两个算式中有6个不同的符号，它们分别表示3、4、5、6、7、8等6个数字。请问根据算式表明的关系，各个符号分别表示哪个数字呢？

 =555

84 数字填空

图中右下角问号处应填上什么数字？不用说，想得出正确答案，首先要算出各种星星的数值。

85 字母数值

如图所示，在内外两个圆圈中，分别从黑杠开始，按顺时针方向依次计算，应该将字母A~E换成什么整数或运算符号，才能使内外两个圆圈上的最后运算结果均等于49？

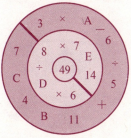

86 钟表读数

已知1~4这4个钟表按照某种规律排列，请破解之并说出第4个钟表的读数。

      1   2   3   4

87 正确时间

已知钟表A~E上的时间按某种规律排列，请找出这个规律，算出E表应该显示的正确时间。

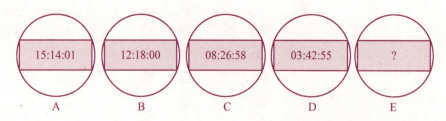

88 水果天平

已知下面两个天平正处于平衡状态，最下面的天平左边应再放上一个哪种水果，才能使这个天平也是左右平衡？

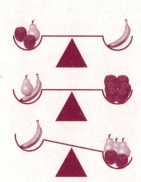

89 平衡状态（1）

已知天平1和天平2处于平衡状态，要使天平3也处于平衡状态，问号处需要放上几个B？

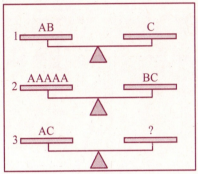

90 平衡状态（2）

假设图中的天平正处于平衡状态，请计算出问号处的数值。

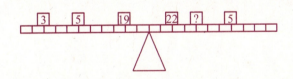

第 2 章

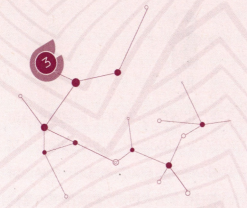

字母逻辑

字母逻辑游戏是在西方世界广为流传的一种逻辑思维游戏，在英语迅速普及的今天，可以说是一种世界通用的"文字逻辑"，近年来在我国公务员行政能力测试题、MBA逻辑游戏题中也经常出现。本书在参考大量国外同类图书的基础上，引进了很多字母逻辑游戏题，以开阔读者眼界，培养另类思维。考虑到中国读者的思维习惯和接受能力，本书列举的字母逻辑游戏主要分为线条构成、间隔规律、正序运算、反序运算、破译密码5类，读者可参考下面两个表格完成此类游戏。

26个英文字母正序表

英文字母	A	B	C	D	E	F	G	H	I	J	K	L	M
对应序号	1	2	3	4	5	6	7	8	9	10	11	12	13
英文字母	N	O	P	Q	R	S	T	U	V	W	X	Y	Z
对应序号	14	15	16	17	18	19	20	21	22	23	24	25	26

26个英文字母反序表

英文字母	Z	Y	X	W	V	U	T	S	R	Q	P	O	N
对应序号	1	2	3	4	5	6	7	8	9	10	11	12	13
英文字母	M	L	K	J	I	H	G	F	E	D	C	B	A
对应序号	14	15	16	17	18	19	20	21	22	23	24	25	26

此外，本章还精选了一些英语游戏作为延伸，读者可根据自己的知识层次，有选择性地进行训练。

第2章 字母逻辑

1 字母接龙（1）

| V | Y | X | | P | D | ? |

| R | G | C | Q |
| A | B | C | D |

2 字母接龙（2）

| Z | H | A | | M | E | ? |

| K | Y | B | W |
| A | B | C | D |

3 字母接龙（3）

| A | L | E | | B | Q | ? |

| R | O | F | Z |
| A | B | C | D |

4 字母接龙（4）

| B | E | X | | D | H | ? |

| G | J | Y | S |
| A | B | C | D |

5 字母接龙（5）

| A | C | E | | P | R | ? |

| O | Q | S | T |
| A | B | C | D |

6 "Z"的颜色

下图是一个5×5的方格，方格中写完了26个英文字母中的前25个，还有最后一个字母Z没写出来。

请仔细观察右图中的字母颜色规律，想想如果再写出字母Z时，Z应该是写成黑色还是白色？

7 找规律填字母

哪个字母能填在问号处，完成这个谜题？

8 破解字母密码

问号处应为什么字母？

9 字母卡片

问号处应为什么字母？

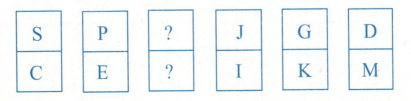

10 字母转盘

问号处应为什么字母?

11 字母方圆

问号处应为什么字母?

12 字母桥梁

问号处应为什么字母?

	F	H	
C	M	A	
	D	D	

G	F
C	?	F
G	E

(1)

A	G
B	?	F
K	A

(2)

R	J
A	?	G
B	D

(3)

13 字母瓶颈

问号处应为什么字母?

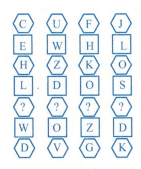

14 字母纵横

问号处应为什么字母?

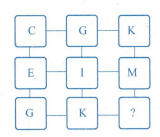

15 字母连环

问号处应为什么字母?

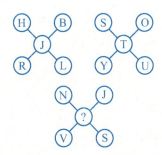

16 字母围墙

问号处应为什么字母?

C	K
F	O
?	?
L	W
O	A
R	E

17 字母通道

问号处应为什么字母?

18 字母窗口

问号处应为什么字母?

A	D	G
J	N	R
I	N	?

19 字母大厦

问号处应为什么字母?

D	O
P	E
F	Q
?	?
H	S
T	I
J	U

20 字母十字架

问号处应为什么字母?

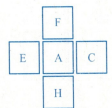

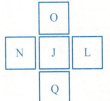

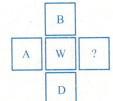

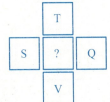

21 字母正方形

问号处应为什么字母?

(1)   (2)

22 字母铺路石

（1）问号处应为什么字母？

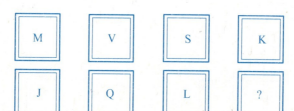

（2）问号处应为什么字母？

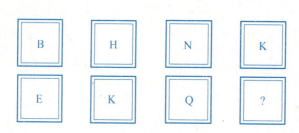

23 字母向心力

问号处应为什么字母?

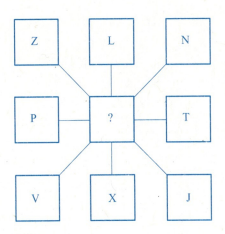

24 字母密码本

问号处应为什么字母?

```
C  E  G  I  K
M  P  S  V  Y
D  H  L  P  T
W  B  G  ?  Q
W  C  I  O  U
C  J  Q  X  E
```

25 字母的数字含义

你能找出下图所运用的逻辑方法吗？同时，请写出能够使最下面等式成立的一个字母（两个符合条件的字母中任取一个即可）。

$$D + M = R$$
$$X - N = C$$
$$(K + R) \div R = T$$
$$(B \times W) + E = Y$$
$$R \times N \times A = H + X$$
$$(X \div G) + F - K = ?$$

26 缺少的字母

六角星中少了什么字母？

27 找规律填字母

填什么字母能延续这个序列？

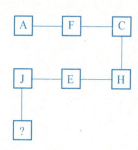

28 看图片找规律

哪个字母能填在问号处完成谜题?

C	L	D
F	?	B
E	Y	E

29 数字和字母的关系

找出数字和字母之间的关系,完成谜题。

I	31	E
O	17	Y
?	23	O

30 数字和字母

你能找出正方形中字母和数字之间的联系,并用一个数字来替换图中的问号吗?

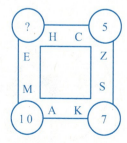

31 "数字+字母"圆盘

问号处应为什么数字?

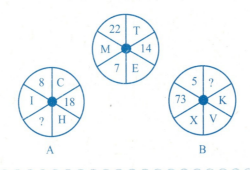

32 "数字+字母"转盘

下图转盘中的字母和数字之间存在着某种联系,你能用一个字母来代替图中的问号吗?关键还是找出它们之间的某种规律。

33 破解"数字+字母"密码

问号处应为什么数字?

34 "数字·字母"正方形

下图所示正方形中的字母和数字是按照一定的规律排列的，你能推算出问号代表的是哪个数字吗？

E	6	8	K
?			15
9			20
D	26	23	U

35 填什么数

下图问号处填上什么数字能完成这个序列？

J	23	M	29
17			P
G			35
11			S
D			41
5			V
A			47
			Y
			?
		7	?

36 填哪个数

下图问号处填什么字母或数字能完成这个序列？

HF — 86 — SU

? — ? — TX

37 按规则填字母（1）

请将A、B、C、D分别填在空格里，要求横行、竖行和斜行都要有这4个字母，且不能重复。

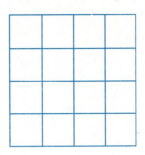

38 按规则填字母（2）

在要组成的这个表格中，每一行与每一列都要有字母A、B、C和两个空白方格。图中格子周围的字母，表示箭头所指的该行或该列中出现的第1个或第2个字母。你能将格子填完整吗？

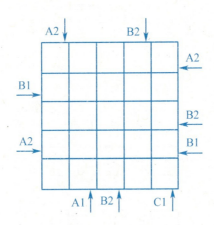

39 按规则填字母（3）

图中是一组6行×6列的方格，请在每行和每列中选取4格填入字母A、B、C、D，其余2空格保留。格子外的字母与数字分别代表沿箭头方向前进时，出现的第1或第2个字母。

你能完成这个游戏吗？

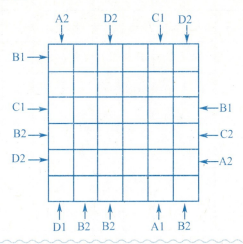

40 缺失的字母

你能推算出图中问号处缺失的字母吗？

 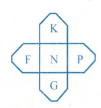  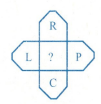

41 找规律

在最后一个五角星中的问号处填入适当的字母。

42 字母方阵（1）

图中问号处应为什么字母？从下面5个选项中找出正确答案。

A	J	B	K	C	L	D	M	E	N
I	S	Z	T	A	U	B	V	C	F
R	Y	G	L	H	M	I	N	W	O
H	F	K	Q				U	J	D	G
Q	X	P			?			O	X	P
G	E	J					K	E	H
P	W	O	R			T	P	Y	Q
F	D	I	N	H	M	G	L	F	I
O	V	C	U	B	T	A	S	Z	R
E	N	D	M	C	L	B	K	A	J

A

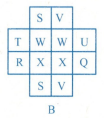

B

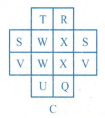

C

D

E

43 字母方阵（2）

图中问号处应为什么字母？从下面5个选项中找出正确答案。

A	F	D	P	I	Z	P	J	Y	T
A	C	K	H	U	O	E	X	O	H
B	G	G	O	N	A	W	K	G	U
B	F	L	M			F	F	P	O
E	H	L				L	N	V	
C	K	M		?		M	Q	T	
J	I	S	S			L	M	S	W
D	R	N	B	X	K	H	R	R	W
Q	J	A	T	J	D	Q	N	V	X
E	Z	O	I	Y	P	I	U	S	X

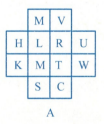

A

B

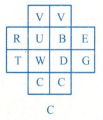

C

	Q	F		
B	F	L	M	
E	H	L	R	
	K	M		

D

	E	G		
C	D	B	V	
C	W	U	V	
	R	T		

E

44 打开保险箱

请在问号处填入正确的数字，以便顺利地打开这个保险箱。
A.PLATINUM
B.GOLD
C.SILVER
D.COPPER
E.ZINC

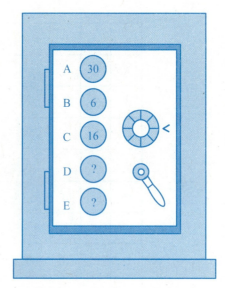

45 藏宝箱

如果你能准确推算出图中两个问号处的数值，就能顺利打开这个藏宝箱。

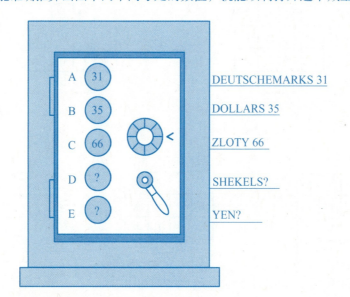

DEUTSCHEMARKS 31
DOLLARS 35
ZLOTY 66
SHEKELS ?
YEN ?

第3章

图形逻辑

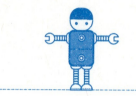

本书中的"图形",是一个内涵十分广泛的综合性概念,不仅包括各种图案、点线面构成的几何图形,还包括由数字、字母、文字等诸多元素构成的图形思考题。它虽然复杂神秘,但却并非高不可攀;尽管种类繁多,却赏心悦目。进入图形的世界,需要有一双能够"透视"的眼睛,才能把这些游戏看得真真切切。所谓能够"透视"的眼睛,就是既要看到图形的形式,又要看到图形的内容;既要看到"有形"的图形,又要看到"无形"的图形。

需要特别指出的是,这里所说的"透视""有形"和"无形"不仅指一种生理视觉的感受,还包括思维视觉的感受。比如,人们常用的方法或众所周知的方法在使用时也许生理视觉看不见,但从思维角度讲它们是可见的。而另一些方法,也许在使用时人们的生理视觉能够看得到它表面在做什么,但它实质上隐藏在思维视觉之外,即隐藏在人们感觉不到的思维盲区里。所以,解答图形逻辑思维训练题目不能只盯着图形看,要运用逻辑思维,由生理视觉上升到思维视觉。

1 平面图与立方体（1）

在A~E这5个选项中，哪一个立方体不是由已给出的平面图折成的？

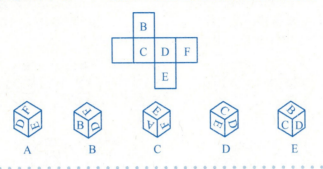

2 平面图与立方体（2）

在A~E这5个选项中，哪一个立方体不是由已给出的平面图折成的？

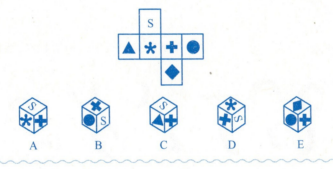

3 图形填空（1）

下方图形组合中，外围4个圆中所出现的每种图案，是根据该图案出现的次数来决定是否被转移到中间带"？"的圆内：1次，被转移；2次，可能被转移；3次，被转移；4次，不被转移。按照这一规律，A~E中的哪一个适合填入图中"？"处？

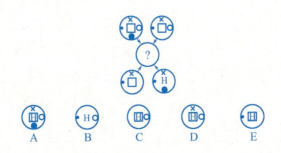

4 图形填空（2）

如图所示，外面4个圆中出现多种相同的图案，每种图案将根据它在4个圆中出现的总次数来决定它是否被转移到中间带"？"的圆中。出现的总次数为1次，被转移；总次数为2次，可能被转移；总次数为3次，被转移；总次数为4次，不被转移。按照以上规律，带"？"圆中应填入A~E中哪一个选项？

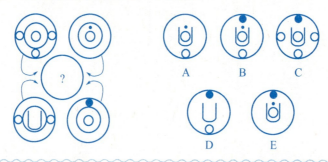

5 数字拼图

图中的"组件"正好可以拼成4个完整的阿拉伯数字，是哪4个数字？

6 选择拼图

A~G中哪一个选项正好可以与给出的图形拼成一个完整的长方形？

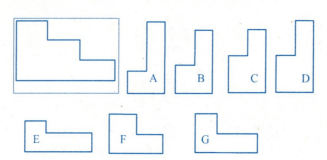

7 长方形拼图

图中的"组件"正好可以拼成一个完整的长方形,具体应该怎样拼?

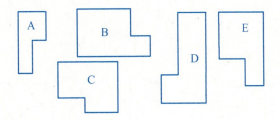

8 拼长方形

图中的所有"组件"正好可以拼成一个完整的长方形,具体应该怎样拼?

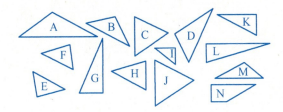

9 图形配对

请在A~E这5个选项中,选出一个恰好能与上方给出的图形组成完整长方形的选项。

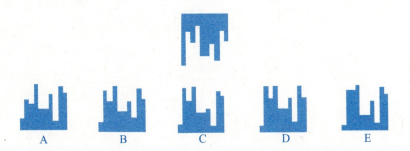

10 组成正方形

在A~E中,哪一个选项正好可以与上方给出的图形组成一个完整的正方形?

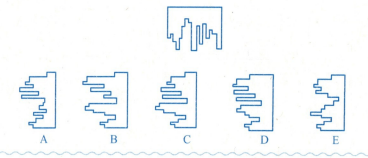

11 椭圆拼图

图中的组件正好可以拼成一个完整的椭圆,具体应怎样拼?

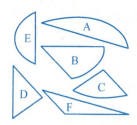

12 弯弯的月亮

图中的组件刚好可以拼成一轮弯月,请你拼合一下。

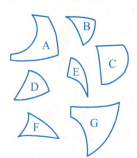

13 选择匹配

请从A、B、C、D、E这5个选项中选择一个图案，将它与上面所给出的图案匹配成一个完整的圆形。

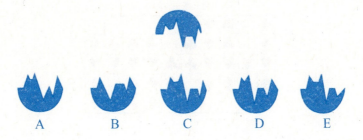

14 黑格分图

图中有25个方格，请将其中5个方格涂黑，使得整个图案被分成大小形状完全相同的5个部分。应该怎样涂色呢？

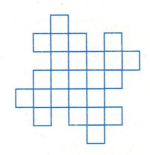

15 划分图形

请把下图的不规则图形划分为形状相同、大小相等的3份，每一份上要有3朵小花哦。试试看，你能行吗？

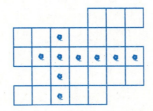

16 趣味划分

请把这个图形划分为形状相同的4份，每份上各有4种扑克花色各2个。试试看，你能完成吗？

17 巧分方格

请将这个图形划分为形状相同、大小相等的两份，并且每一块上不出现相同的图案。试试看，你能很快做到吗？

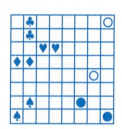

18 不同手势

图中的方框内有72个手势图案，请你将这个方框分隔成12个部分，每一部分都包含方框上方的6种不同手势。

19 五边形上的点

在A~E这5个选项中，哪一个与众不同？为什么？

　A　　　　B　　　　C　　　　D　　　　E

20 如何拼图

有4块图案如图A所示的正方形地砖，可以拼成如图B所示的轴对称图形，请你分别在图C和图D中各拼成一种与图B不同的轴对称图案，要求两种拼法各不相同，并且至少有一个图形既是中心对称图形，又是轴对称图形。

   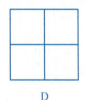
　A　　　　B　　　　C　　　　D

21 四盒积木

在A~D这4盒积木中，哪一盒积木与其他不同？为什么？

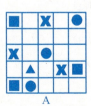 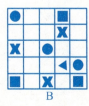  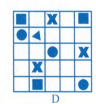
　A　　　　B　　　　C　　　　D

22 图形大厦

下图中哪个选项与其他选项不同？为什么？

A　　　　B　　　　C　　　　D

23 被分割的正方形

下列被分割的正方形中，哪一个与其他选项不同？为什么？

A　　B　　C　　D　　E　　F　　G

H　　I　　J　　K　　L　　M　　N

24 找出另类图形

在A~G这7个选项中，哪一个与其他选项不同？为什么？

A　　　B　　　C　　　D

E　　　F　　　G

25 与众不同的图形

在A~D中，哪一个图形与其他3个"不同"？为什么？

    A   B   C   D

26 与众不同的正方形组合

在A~E中，哪一个正方形组合与其他4个不同？为什么？

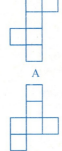 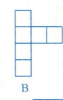 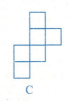
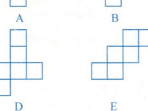

A   B   C
D   E

27 与众不同的立体图形

在A~F中，哪一个图形与其他5个"不同"？为什么？

A   B   C
D   E   F

28 与众不同的地砖

在A~D中，哪一块地砖与其他3个"不同"？为什么？

    A   B   C   D

29 与众不同的地砖组合

在A~D中，哪一个地砖组合与其他3个"不同"？为什么？

    A   B   C   D

30 与众不同的图形组合

A~D中，有一个与其他3个不同，是哪一个？为什么？

    A   B   C   D

第3章 图形逻辑

31 培养器皿

图中有8个微生物培养器皿，其中有一个与其他7个不同，是哪一个？为什么？

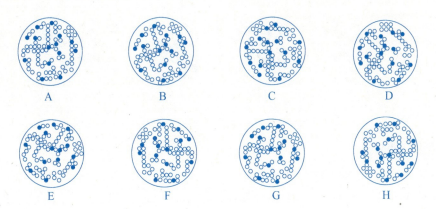

32 图形拼盘

在A~E这5个选项中，哪个选项的图形与其他3个不同？为什么？

　A　　　　　B　　　　　C　　　　　D　　　　　E

33 放射状图形

在A~D选项中，哪一个放射状图形与其他3个不同？为什么？

　　A　　　　　　B　　　　　　C　　　　　　D

34 图形集合

请从A~D这4个选项中找出"不同"的一个图形集合，并说出你的理由。

A　　　　B　　　　C　　　　D

35 巧拼花色

请将下面的7个画有扑克花色的长方形小块拼成一个适合左图的4×4正方形，并且要求拼合后的图形中，所有横行和竖列都不能出现重复的花色图案。请问应该怎样拼呢？

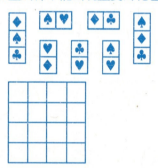

36 图案补全

这里有一幅有趣的图形。里面排列着4种不同手势和飞机的图案。请将4种手势在空格里补充完整，使每一行和每一列都出现5种不同的图案。试试看，你能全部填出来吗？

37 巧妙连线

请将下图中的相同数字用线连起来，线只能在方格的中间经过一次。

2		1	6	4	
		5		5	3
			6		
			1		
	3			2	
					4

38 最长路线

请按箭头方向行走出一条最长的路线，这些箭头一共经过多少个格子？

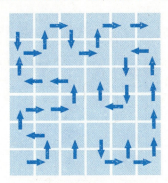

39 寻找通道

请在下图中找到一条自上方入口到下方出口的路径，要求这条路径不重复也不交叉，并且途中经过的全部数字相加等于20。

40 逛街路径

下图中的每个方格代表一家店铺，黑色细线代表每家店铺都有小道与邻近店铺相通。现在有一位顾客打算从"A"店出发逛遍所有店铺，最后到达"O"店，途中不重复经过店铺。你认为有几种逛街路径呢？

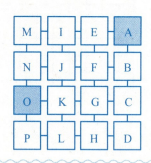

41 图案填空

方格中的图案以某种逻辑关系分布，请在问号处填入适当的图案。

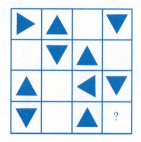

42 巧填箭头

如图所示的图样中，有两个箭头丢失了。请你仔细观察，找出这些箭头的放置规律，然后补上丢失的箭头，使得所有的方格组成一个合适的图样。

43 拐弯箭头

这里有9个"拐弯箭头"，其中有一个箭头与众不同。请你仔细观察，然后将这个与众不同的箭头找出来。

44 黑白风筝

请仔细观察下面这些图形，寻找其中的变化规律。然后说出变化规律是怎样的，并在下面的5个图形中找出符合变化规律的图形。

45 人物图案

如图所示，请从G、H、I选项中选择一项能够延续上面序列的人物图案。

46 对应关系

已知图A与图B对应，那么图C应与图D~H中哪一个对应？为什么？

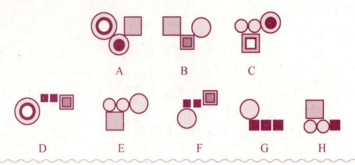

47 对应图案

已知A图与B图对应，那么C图应与D~H中哪一个选项对应？为什么？

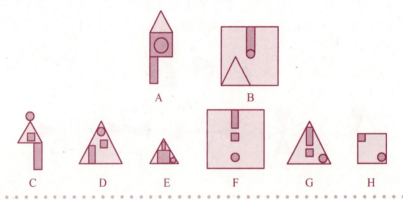

48 鱼的序列

图中"？"处应填上一条什么样的鱼，才能使图形序列按某种规律排列？

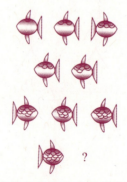

49 图形序列（1）

请在A~E这5个选项中选择一个填入问号处，以使该图形序列得以延续。

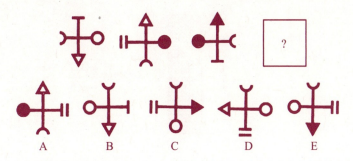

50 图形序列（2）

问号处填入哪个选项的图形，才能使该图形系列得以完成？

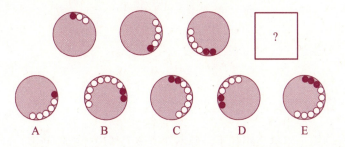

51 图形序列（3）

请在A~E这5个选项中，选出合适的一项填入问号处，使上面一行的图形得以按照某种规律排列。

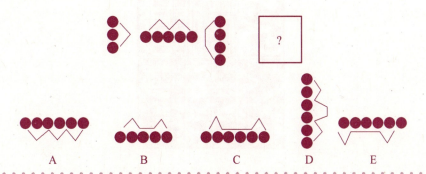

52 图形填空

中间一列图形由上至下按一定规律排列,请在A~E中选出一个正确选项填入问号处。

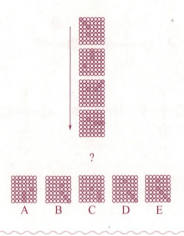

53 花墙纸

室内设计师梅小姐感到很棘手,她不知道该怎样说才能让新客户同意按照某一种规律在接待室内贴墙纸。这6种墙纸的样品如下图所示,分别被标记为A、B、C、D、E、F,它们可以按照某种规律进行重新排序。请问这些墙纸可以按怎样的规律进行排列呢?

54 巧填图案

在图中的16个方格中有15种不同的图案,请你仔细观察,找出图案的变化规律,然后在右下角的空白方格中填入合适的图案。

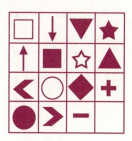

55 火柴棍游戏

图中是9支火柴棍组成了3个三角形,请移动其中3支,使图中出现5个三角形。

56 巧移火柴

暑假里的一天,小琳要出门参加同学聚会,可她的妹妹小宁也吵着要一起去。

小琳灵机一动,拿出20根火柴放在桌上,组成了5个正方形(如下图)。

小琳告诉小宁,只要她能只移动3根火柴,把5个正方形变成9个正方形,就带她一起去参加聚会。

请问,小宁应该怎样移动火柴才能达成自己的愿望呢?

57 图形变单词

图中的菱形、三角形和两个正方形都是由火柴棒摆成的。现在请你移动其中3根火柴,使它们变成一个英文单词,应该怎样移呢?

58 填花饰

如图所示,请根据已知条件判断,问号处应填入多少个花饰?

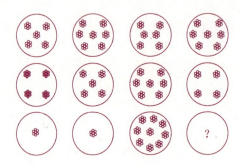

59 面积几何

凶杀案发生后,警察用24米长的白色带子围住犯罪现场。请问,圈起来的面积共有多少平方米?

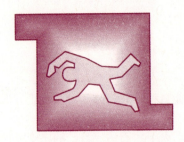

第4章

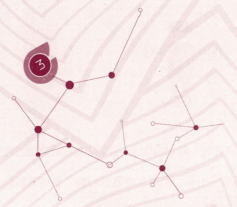

统筹逻辑

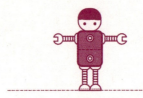

　　所谓统筹，简单地讲，就是统一筹划的意思。生活中我们经常碰到这样的问题：早上起床后，洗漱需要五分钟、上厕所需要五分钟、煮鸡蛋需要十分钟，做这些事情的顺序应该怎么安排？如果先洗漱，再上厕所，然后煮鸡蛋，总共需要花二十分钟。如果我们把这些事情"统筹"一下，先把鸡蛋放进锅里煮，然后去上厕所，再洗漱，这个时间鸡蛋也正好煮好了，整个过程只需要十分钟，节约了一半的时间。这个简单的事例说明：统筹全局的关键问题，便是在于各个步骤如何安排，而分清哪些步骤能够并列进行，哪些步骤有先后次序，便能够合理统筹各项工作流程，节省时间，提高工作效率。从逻辑思维的角度来看，它包括了一个过程的5个步骤，即：统一筹测（预测）、统一筹划（计划）、统筹安排（实施）、统一运筹（指挥）和统筹兼顾（掌控）。统筹逻辑是通过重组、打乱、优化等手段改变原本的固有办事格式，优化办事效率的一种办事方法，也是我们经常使用的一种逻辑思维方法。掌握了这种方法，我们学习和工作的效率就会大大提高。

第4章 统筹逻辑

1 赛马

在一个跑马场上，跑道上有A、B、C共3匹马。A在1分钟内能2圈，B能跑3圈，C能跑4圈。现将3匹马并排在起跑线上，准备向同一个方向起跑。

请问，经过几分钟，这3匹马又能并排地跑在起跑线上？

2 开会之前

5位老朋友A、B、C、D、E在会场上见面，互相握手问候。由于会前时间有限，他们之间，A和4个人握了手，B和3个人握了手，C和2个人握了手，D和1个人握了手，会议就开始了。

在会前的这段时间里，E和几位朋友握过手呢？

3 哪一天相遇

张三和李四是在一家健身俱乐部首次相遇并相互认识的。

（1a）张三是在一月份的第1个星期一那天开始去健身俱乐部的。

（1b）此后，张三每隔4天（即第5天）去一次。

（2a）李四是在一月份的第1个星期二那天开始去健身俱乐部的。

（2b）此后，李四每隔3天（即第4天）去一次。

（3）在一月份的31天中，只有一天张三和李四都去了健身俱乐部，正是那一天他们首次相遇。

张三和李四是在一月份的哪一天相遇的？（提示：判定李四是在张三之前还是之后开始去健身俱乐部的；然后判定张三和李四是从哪一天开始去健身俱乐部的。）

4 理发顺序

理发室里有甲、乙两位理发师，同时来了5位顾客，根据他们所要理的发型，分别需要10分钟、12分钟、15分钟、20分钟、24分钟。怎样安排他们的理发顺序，才能使这5人理发和等候所用时间的总和最少？最少要用多少时间？

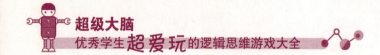

5 最短管路长度的设计

凤凰城由于常常发生火灾而声名狼藉。为了洗刷恶名，市议会通过一项提案，决定在下图中的9个地点设置消防栓。为了确保能提供充分的水压，决定加设一套管路连接这9个消防栓。由于埋设管路所需经费庞大，因此市议会决定向外界公开征求管路总长度最短的设计。受到建筑物的影响，管路必须沿着下图中所示的街道铺设。图中的长度单位是"米"。

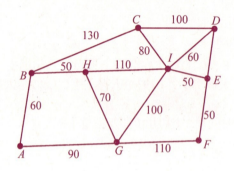

6 最短路径

下面是城市公园的地图，图中所列数字以米为单位。每天早上公园开门前，清洁工人必须开着清洁车打扫公园内所有的街道。该清洁车位于H点。令清洁工人感到很困扰的是，欲清扫完公园内所有的街道，似乎不可能不走重复的路段。这种情形真的无法避免吗？

你能说出清洁车清扫完所有路段再回到H点的最短路径吗？

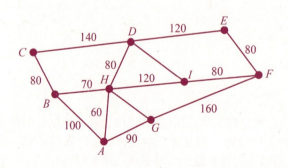

7 空驶里程最短

　　A、B、C这3地的距离（单位：千米）如图（a）所示。现有一辆载质量4吨的汽车要完成下列任务：从A地运12吨煤到B地，从B地运8吨钢材到C地，从C地运16吨粮食到A地。怎样安排才能使汽车空驶里程最短？

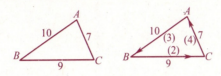

8 运费最省

　　北京、上海分别有10台和6台完全相同的机器，准备给武汉11台，西安5台，每台机器的运费见下表：

发站 \ 到站（运费/元）	武汉	西安
北京	500	600
上海	700	1000

　　如何调运能使总运费最省？

9 管道搭配

　　某天然气站要安装天然气管道通往位于一条环形线上的A~G这7个居民区，每两个居民区间的距离如下图所示（单位：千米）。管道有粗细两种规格，粗管可供所有7个居民区用气，每千米价格8 000元，细管只能供1个居民区用气，每千米价格3 000元。粗、细管的转接处必须在居民区中。

　　问：应怎样搭配使用这两种管道，才能使费用最省？

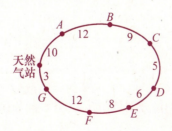

10 多少支蜡烛

阿聪小时候就学会了节俭，常把剩下的蜡烛头拼接起来再用。假设3支蜡烛头可以拼接为一支蜡烛来使用，现在他有7支蜡烛头，他最终能拼接几支蜡烛来使用？

11 唐老鸭卖鸭蛋

唐老鸭开起小店卖鸭蛋。第1天，小狐狸拿1元钱买了1个鸭蛋，唐老鸭找给他2张钞票；第2天，小狐狸又拿了1元钱买了同样的2个鸭蛋，唐老鸭又找给他2张钞票；第3天，小狐狸又拿了1元钱买了同样的3个鸭蛋，还是找回2张钞票；第4天，小狐狸还是拿了1元钱想买4个同样的鸭蛋，可是这回唐老鸭说小狐狸的钱不够了。

请你想一想：鸭蛋多少钱一个？每次找回的钞票面额是多少？

12 找零难题

某国的货币只有1元、3元、5元、7元和9元共5种，为了直接付清1元、2元、3元……98元、99元、100元各种物品的整数元，至少要准备几张什么样的货币？

13 不同的安排

小明的暑假作业有语文、算术、外语3门，他准备每天做一门，且相邻两天不做同一门。如果小明第1天做语文，第5天也做语文，那么，这5天作业他共有多少种不同的安排？

14 耗油量最少

有137吨货物要从甲地运往乙地，大卡车的载质量是5吨，小卡车的载质量是2吨，大卡车与小卡车每车次的耗油量分别是10升和5升。问如何选派车辆才能使运输耗油量最少？这时共需耗油多少升？

15 总时间最少

给甲、乙、丙3人分配A、B、C共3项工作，他们完成这3项工作的时间见下表：

人员 \ 工作 所需时间/时	A	B	C
甲	4	9	7
乙	7	15	13
丙	5	12	9

完成这3项工作所需总时间最少是多少？

16 集中到哪个仓库

在一条公路上，每隔10千米有一座仓库（如下图），共有5座，图中数字表示各仓库库存货物的质量。现在要把所有的货物集中存放在一个仓库里，如果每吨货物运输1千米需要运费0.9元，那么集中到哪个仓库运费最少？

```
 A    B    C    D    E
10吨 30吨 20吨 10吨 60吨
```

17 阿凡提分马

阿凡提有一次骑马来到一个牧场，正遇着3个人在为分马而大伤脑筋。

问题是这样产生的：一共有23匹马，甲应得这些马的1/2，乙应得1/3，丙应得1/8。一匹马分成两半，还能干什么用呢？他们不愿意这样分，可是又都坚持自己的份额不能少。

阿凡提问明缘由以后，立刻想出了一个主意，23匹马很快就分好了。

阿凡提想出一个什么办法？

18 分油问题

有24斤油，今只有盛5斤、11斤和13斤的容器各一个，如何才能将油分成3等份？

19 公平分配

保罗、劳伦斯、辛格3位老板，共同出资经营一家酒店，但后来因故必须停业。此时，资金、利润和各种器皿等，均可等分成3份。只剩酒柜里的21瓶酒，其中7瓶是满的威士忌酒，7瓶是只剩一半的威士忌酒，另7瓶则是空瓶子。

3人想把瓶子数和威士忌酒的量等分为3份，却怎么也想不出分配的方法。如果一人不得取4瓶以上相同的酒瓶，请问应该如何分配？

20 如何平分苹果酒

一位农夫和他的朋友合买了一桶8加仑装的苹果酒（1加仑=4.546 1升）。他们想平分这些苹果酒，但却只有一个5加仑和一个3加仑的容器。他们该如何平分？

21 一半唱片

有一次，鲍勃和海伦经过一家唱片商店。这时，鲍勃问道："你那些西部田园音乐的唱片还在吗？"海伦回答说："没有了。我已经把一半唱片和一张唱片的一半送给了苏席。然后，我又把剩下的一半唱片和一张唱片的一半送给了乔。我现在只剩下一张唱片了。假如你能说出我原来有几张西部田园音乐的唱片，那么这一张唱片就送给你。"鲍勃糊涂了，因为他怎么也弄不明白掰成两半的唱片还有什么用处。但是，他仔细思考了一下，突然喊了起来："啊哈！我明白了！"原来海伦一张唱片也没有掰开过。他答出了这一难题，于是海伦就把最后一张唱片送给了他。

鲍勃到底有什么诀窍呢？

22 停业的酒店

保罗·劳伦斯和辛格3位老板，共同出资经营一家酒店，但后来因故必须停业。此时，资金、利润及器皿类等，均可等分为3份，只剩21瓶威士忌酒，其中7瓶还未开封，7瓶只剩一半的威士忌酒，另7瓶则是空瓶子。所以，3人便想把瓶子数和威士忌酒的量等分为3，却怎么也想不出分配法。若一人不得取4瓶以上相同的酒瓶，应如何分配？

23 如何分酒

某人拿着一个5两的空瓶去买酒,可店铺只有一个7两的,一个3两的容器。以这两个容器,此人如何买回5两酒?

24 分盐

有7千克、2千克的砝码和一架天平,只准使用3次天平,把140千克的盐分成90千克和50千克。

25 酒肆老板娘的难题

据说有人给一家酒肆的老板娘出了一个难题:此人明明知道店里只有两个舀酒的勺子,分别能舀7两和11两酒,却硬要老板娘卖给他2两酒。聪明的老板娘毫不含糊,用这两个勺子在酒缸里舀酒,并倒来倒去,居然量出了2两酒。聪明的你能做到吗?

26 三人分油

一天,一位农夫准备了21个同样的油壶去油坊装油。他把其中的7个壶装满了,还有7个壶分别装了1/2壶油,最后还剩下7个空壶。他把油和壶平分给3个儿子,每人分得的油要一样多,壶也要一样多。农夫没用倒来倒去,就分出来了。你知道怎样分吗?

27 分牛奶

在你面前的是一个装有4升牛奶的奶罐,你需要把这4升牛奶平分给两位同伴,可是你只有两个空奶罐:一个能容1.5升,另一个能容2.5升。有什么办法能用这3个奶罐把4升牛奶分成两半?看来只好把牛奶在3个罐子里翻倒几次了。可是怎样翻倒法呢?

28 六艘汽船

船A、B、C沿着一条河道先后航行，同时，船D、E、F也先后沿着同一条河道迎面而来。可是，由于河道的宽度太窄，两艘船无法擦身而过，不过河道的一侧有一个恰好可以容纳一艘船的河湾，请问，这6艘船怎样才能顺利擦身而过，继续航行呢？

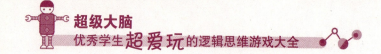

29 三人过河

一个大人带两个孩子过河。大人的体重为60千克，小孩的体重为30千克。河边只有一只船，船的载重为60千克，他们怎样过河？

30 虎牛渡河

3头牛和3只虎要渡河，只有一条小船，每次都运装两头过河，但不能空船回来，为了防止虎吃牛，在一边岸上的牛数不能少于虎数。应该怎样渡河？至少需要渡几次？

31 远足者过河

8位远足者想过一条河，但是河上没有桥，只有两个孩子在一条小船上玩耍。这条小船很小，只能坐两个孩子或一个大人。一个大人和一个小孩坐在船上就会翻船。那么，如何把这8个人都送到河那边去呢？

32 母子过河

有6只猪过河。每对母子分为一队，分3队。第1队母子都会划船；第2队妈妈会划船，孩子不会划船；第3队妈妈也会划船，孩子不会划船。有一只船，每次只可以坐两人，妈妈要保护自己的孩子，不然别的母猪就会吃她的孩子，怎么做？

33 过河

在一条河边有猎人、狼、男人领着两个小孩，一个女人也带着两个小孩。条件为：如果猎人离开的话，狼就会把所有的人都吃掉，如果男人离开的话，女人就会把男人的两个小孩掐死，而如果女人离开，男人则会把女人的两个小孩掐死。

这时，河边只有一条船，而这个船上也只能乘坐两个人（狼也算一个人），而所有人中，只有猎人、男人、女人会划船。则问，怎样做才能使他们全部渡过这条河？

34 过桥问题

在漆黑的夜里，4位旅行者来到了一座狭窄而且没有护栏的桥边。如果不借助手电筒的话，大家是无论如何也不敢过桥的。不幸的是，4个人一共只带了一只手电筒，而桥窄得只够让两个人同时通过。如果各自单独过桥的话，4人所需要的时间分别是1分钟、2分钟、5分钟、8分钟；而如果两人同时过桥，所需要的时间就是走得比较慢的那个人单独行动时所需的时间。问题：如何设计一个方案，让这4人尽快过桥。

35 帕费姆夫人的香烟

帕费姆夫人多年来烟瘾极大，她决心要把香烟彻底戒掉。"我抽完剩下的这27支香烟，"她自言自语道，"就再也不抽了。"帕费姆夫人的抽烟习惯是，每支香烟只抽三分之二，不多也不少。她很快就发现，用某种透明胶纸可以把3个烟蒂接成一支新的香烟。她手头有27支香烟，在彻底戒烟之前，她还能抽多少支呢？

36 换马

图中的9个格子里有两黑两白4匹马,请你按照中国象棋中"马"的走法和规则移动这些马,经过16步,使得黑马和白马的位置对换。

37 病人搬家

医院的私人病房区共有5间单人病房。最右边的急诊病房现在空着。其他几个病房里分别住着A、B、C、D共4位病人。现在他们住的病房标着他们姓名的头一个字母(如下图)。

病人们看来都很满意,但护士长却在考虑D与A换位置、C与B换位置。看来护士长是个很有条理的人,因为这样一来所有病人的位置就会按字母顺序排列,便于管理。既然所有的病人都为住私人病房付过了费用,所以,不能把两位病人同时安排在同一间病房里,而且也不能在一位病人搬家时,将另一位病人留在风大的走廊里无人照管。为了执行护士长的命令,那个愁眉苦脸的小护士最少要为病人搬几次家?

38 搬家

一对夫妻刚搬进一套六居室的舒适新居。他们有5件大家具：床、桌子、沙发、冰箱和写字台。这些家具如此之大，竟无法使两件家具同时放进任何一个房间。不巧，家具搬运工又把冰箱和床搬错了房间。现在，户主与他的贤妻已经花了几个小时，想找到一个有效的方案把这两大件家具对调。本杰明·富兰克林说，3次搬家等于一场大火。因此你必须用尽可能少的搬动次数来完成这项任务。住宅平面图如下：

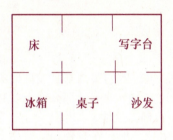

39 火车交会

某城市的车站与著名的海滩胜地之间只有一条单向的铁路支线连接。虽然一年中大部分的时间游客并不多，但是一到夏季就麻烦了。所以铁路公司决定在这条铁路的中点附近开辟一条短的便道，使得火车可同时双向行驶，如下图所示。便道与支线在 A、B 两点交会，但便道间以及 A、B 两点之间的支线间都仅能容纳一辆机车头及6节或7节车厢。

有一年夏季中的某一天，海滩车站的站长决定让一辆挂有4节车厢的火车驶离车站，但此时恰巧另一辆挂有16节车厢的火车从城市开出来。

在交会点上两名司机一直在讨论如何解决两车交会这个令人棘手的问题。在还没有得出结论的时候，一名乘客给了他们一个建议。

该名乘客提出了一个使干扰达到最少的方法。在整个处理过程中，两列车的部分车厢会有暂时连接的情况。该如何处理才能使机车头的启动及停车次数达到最少呢？

40 烟鬼戒烟

一烟鬼决定戒烟,他的朋友说烟瘾不可能一下子戒掉,需要慢慢戒。他的朋友解释说,如果他第1周可以戒掉所吸烟数的20%,而第2周又戒掉了第1周所吸烟数的25%,第3周只吸第2周所吸烟量的50%的话,那么,到那个阶段他将每天只吸3支烟。

现在,烟鬼每天要吸多少支烟?

41 酒鬼夫妻

有一对夫妻,两个人都是酒鬼,他们买酒都是成桶地买。两个人一起喝时,可以60天喝光一大桶葡萄酒,如果让丈夫单独喝,那么他需要30个星期才能喝完;两个人一起喝,可以用8个星期喝光一大桶白兰地,如果让妻子一个人喝,那么她至少需要40个星期。在有白兰地时丈夫只喝白兰地;在有葡萄酒时妻子只喝葡萄酒。如果现在他们家有半桶白兰地和半桶葡萄酒,那么,他们把酒完全喝光需要多长时间?

42 肥肉和瘦肉

根据医生的建议,杰克不能再吃肥肉了,而他老婆不能再吃瘦肉了。他们两人在一起生活,可以用60天吃光一桶肥猪肉。如果让杰克单独吃,那么他要用30个星期才能完成任务。两人在一起时,可用8个星期消耗掉一桶瘦猪肉,但若杰克老婆一人独吃,那么,少于40个星期是吃不光的。假定杰克在有瘦肉供应时只吃瘦肉,而他老婆在有肥肉供应时只吃肥肉。试问:他们夫妻两人一起吃,把一桶一半是瘦肉、一半是肥肉的混合猪肉统统吃光,究竟要花费多少时间?

43 如何过河

已知:

1. 两个女儿,两个儿子,一个爸爸,一个妈妈,一个管家,一只狗。
2. 他们要过一条河,河上只有一条小船,小船只有两个位置(狗也需要占用一个位子),其中只有爸爸、妈妈、管家会划船。
3. 妈妈不在的时候,爸爸会打女儿;爸爸不在的时候,妈妈会打儿子;而只要管家不在,狗就会咬人。

请问他们应该怎样过河呢?

44 四人用水

甲、乙、丙、丁4人同时到一个小水龙头处用水，甲洗拖布需要3分钟，乙洗抹布需要2分钟，丙用桶接水需要1分钟，丁洗衣服需要10分钟，怎样安排4人的用水顺序，才能使他们所花的总时间最少，并求出这个总时间。

45 多少人能获救

一艘载有25人的轮船在一个小岛附近触礁了，20分钟后即将沉没。这时，船上只有一条救生艇可用。已知救生艇最多只能装载5人，到达小岛的时间是4分钟，请你计算一下，如果只用这一条救生艇，最多只能营救多少人？是否还要采取其他营救措施？

46 调饮料

有两个瓶子，一个瓶子装满了牛奶，一个瓶子装满了可可。有A、B、C共3只杯子，每只杯子的容积为瓶子容积的1/3，希望能将牛奶和可可均匀调配好，应该如何办？

47 商人卖水

有一位商人有240斤水，他想运往干旱的沙漠地区赚钱。他每次最多只能带60斤水，而且每走1千米需消耗1斤水以保证自己不会被渴死（均匀耗水）。假设水的价格在出发地为0元，以后每走1千米卖水的价格增加1元/斤，水价与运输路程成正比（即10千米处卖10元/斤，20千米处卖20元/斤……）。但商人必须平安返回出发地，所以当他卖完水，准备返回出发地时要留下足够的水。请问这些水他最多能卖多少钱？（金额精确到小数点后两位，四舍五入）

48 修复车床

车间里有5台车床同时出现故障，已知第1～5台车床修复的时间依次为18分钟、30分钟、17分钟、25分钟、20分钟，每台车床停产一分钟造成经济损失5元。现有两名工作效率相同的修理工，怎样安排才能使得修复的时间最短且经济损失最少？

49 阿尔的零用钱

阿尔希望每星期能得到1美元的零用钱,他爸爸予以拒绝。他们争论了一会儿后,阿尔出了一个主意,他说:"爸爸,要不这样,5月1日你给我1美分,2日给我2美分,3日给我4美分。总之,每天的钱是前一天的2倍。""给多长时间?"爸爸立即问道。"就这一个月。""好。"爸爸答应了。

下列数目中,你能说出哪一个最接近爸爸在一个月里将要给阿尔的零用钱总额吗?
1
10
100
1 000
10 000
100 000
1 000 000
10 000 000

50 邮递员的路线

一个邮递员投送信件的街道如下图所示,图上数字表示各段街道的千米数。他从邮局出发,要走遍各街道,最后回到邮局。问:走什么样的路线最合理?全程要走多少千米?

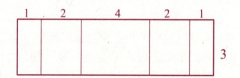

51 环球飞行

每架飞机只有一个油箱,飞机之间可以相互加油(注意是相互,没有加油机),一箱油可供一架飞机绕地球飞半圈。问:为使至少一架飞机绕地球一圈回到起飞时的飞机场,至少需要出动几架飞机?(所有飞机从同一机场起飞,而且必须安全返回机场,不允许中途降落,中间没有飞机场。)

第5章

幽默逻辑

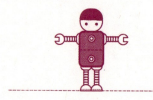

  幽默是一种生活智慧，更是一种人生智慧。拥有幽默感的人大多乐观、聪明、向上，在生活中不断地制造欢笑，让周围的人感到轻松、愉悦，营造一个和谐的氛围，同时自己也会充满自信和成就感，因此，幽默也是一种思维方式。很多逻辑思维游戏题目是具有卓越思维和幽默风格的一种益智形式，是人们需要打破常规思考模式、发挥超常思维才能找到幽默答案的一种思维活动，集开发智力与娱乐为一体，极具趣味性，所以深受喜爱。

  但需要特别注意的是，不要把幽默艺术等同于哗众取宠、荒诞不经，如何让你的幽默语言顺理成章、言之有据，也可以称得上一门学问。

1 如何租到房子

小刚的爸爸妈妈决定搬家。他们带着小刚一起找房屋，但始终没有找到合适的房屋。最后，在傍晚的时候，他们看到一张房屋出租广告，房屋的各方面条件都非常适合他们。他们根据地址找到了那间房屋后，便敲门打算询问一下房屋是否出租。

房东是一位温和的老年人，开门后，房东打量了一番这三位客人，然后询问他们有什么事。

小刚的爸爸说："请问房屋还准备出租吗？"

房东指着小刚问道："这是你们的孩子吗？"

小刚的爸爸点头说："是的，他才8岁，不过不会给您添乱的。"

房东摇了摇头，遗憾地说道："啊，实在对不起，我这间房子不打算租给有小孩子的住户。"

小刚的爸爸妈妈听后，一时不知如何是好，只好准备离开。

小刚把这一切都看在眼里，心想：真的就没有办法了吗？他思考了一下，向房东把租房条件又确认了一下，然后说了一句话。房东听后，哈哈大笑，便决定把房屋租给他们。

那么，你知道小刚说的到底是一句什么话，才使房东同意把房屋租给他们住的呢？

2 路牌

有一个游客看到前面路上横了一块路牌，上面写着："此路不通，请绕行！"他向前几步看看道路并无异样，想想也许不过是个善意的玩笑，于是继续向前走。一会儿，一座断桥挡住了去路，他只好悻悻而归。当他走近原来那块路牌时，看见背面也写着一行字，他不看便罢，一看顿时满脸通红，苦笑不止。

请你猜猜上面写的什么字呢？

3 无能为力

一个人被传到法院，因为他骂邻居是猪，被罚款200法郎。"法官先生，上次我同样骂人家是猪，却只罚我150法郎。""很遗憾，我无能为力。"请问，法官为什么这样说？

4 结婚与治国

一位朋友问法国名剧作家莫里哀:"为什么某国一位皇帝在14岁时已经治理国家,到18岁还不许结婚?"莫里哀做出了幽默的回答。

你知道他是如何回答的吗?

5 中国血统

加拿大前任外交官切斯特·朗宁,1893年生于湖北的襄樊,是喝中国奶妈的乳汁长大的。他回加拿大后,在30岁竞选省议员时,反对派曾诋毁他说:"你是喝中国人的奶长大的,你身上一定有中国血统。"但当朗宁反驳以后,选民哈哈大笑,反对派却无地自容。他是怎样反驳的呢?

6 这个城市的人很有钱

一次,一位闻名世界的钢琴家去某城市演出,结果他发现座位多半是空着的,这时的气氛颇为尴尬。钢琴家灵机一动,先向观众说道:"我想你们这里的人一定都很有钱……"话音刚落,大厅里顿时充满了笑声,大家不由得为钢琴家鼓起掌来。音乐会就在和谐的气氛中开始了。

这位钢琴家用一句话就消除了尴尬的场面,你知道他是怎么说的吗?

7 智者的幽默

一个凶残的国王要在全国各地竖放很多他的塑像,一个智者却风趣地说这样做很好。这位智者该做怎样的解释呢?

8 总统保密

罗斯福任美国总统以前,在海军部供职。某日,一位朋友问及海军在大西洋的一个小岛筹建基地的秘密计划。罗斯福特意向四周望了望,然后压低声音问:"你能保守秘密吗?"

"当然能。"

"那么,"罗斯福微笑着说了短短的一句话,令朋友苦笑不已。你能猜出这句话吗?

9 买蛋糕

聪聪很喜欢吃蛋糕,每天他的父母都会给他两元钱让他去买蛋糕吃。有一次,他去买蛋糕时,蛋糕店老板看他年龄小,于是想捉弄他一下,给了他一块很小的蛋糕。聪聪拿到蛋糕时很快就发现了蛋糕与以前的不一样,于是对老板说:"老板,您不觉得这块蛋糕比往常的小了很多吗?"

老板笑眯眯地对他说:"是小了一点,不过小一点,你拿着不是更轻便吗?"

聪聪若有所思地说道:"哦,我懂了。"

老板听到聪聪的回答后笑声更大了。

聪聪从口袋里取出了一元钱,递给老板,说道:"给您钱,一元!"

老板很奇怪地说道:"孩子,你给的钱不够啊,还少一元。"

聪聪微笑着说出了一句话,那位老板听后,哭笑不得,连声称赞聪聪聪明,并重新给聪聪取了两元钱的蛋糕。那么,你知道聪聪是如何回应老板捉弄的吗?

10 最佳方案

英国政府为在英吉利海峡下挖一条隧道而举行招标,预算达数百万英镑。可是有一家商行只要一万英镑。

建筑委员会主席问:"考虑到设备和成本,这么少的标的,请问,你打算怎么进行这项工程?"承包商答道:"这很简单。我的合作人拿一把铁锹,在法国那边动手挖掘;我拿另一把铁锹从英国这边动手挖掘,一直挖到我们俩会合在一起后你就会得到一条隧道了!"

"如果你们不能会合呢?"主席又问。

承包商的回答引来了哄堂大笑。请猜猜,承包商是如何回答的?

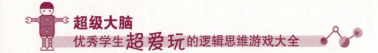

11 生米饭

曼杰太太对女儿讲："珍妮，你经常把饭煮成生的，我看你怎么嫁出去？"珍妮给了母亲一个幽默的回答。请猜猜，珍妮是怎样回答的？

12 新兵

练兵场上，连长正领着新兵们操练。连长喊着："立正！"新兵们整齐地站在了连长的对面。连长继续下达命令："向右看齐！"新兵们把头侧向了右边。但是，连长看到有一个新兵却把头侧向了左边。于是连长又喊了一遍："向右看齐！"但那个新兵还是把头侧向了左边。连长有点恼火，就问那个新兵："你为什么向左看？"那个新兵一回答，把连长气得哭笑不得。

那个新兵是怎样回答的呢？

13 他回答了什么

甲和乙是朋友。有一次，他们俩一起出门办事，事情办完后，他们一起在一家小饭店吃饭。在他们吃饭的桌子上，有一瓶很辣的芥末酱。

甲认为那是甜酱，所以在饭菜上来后，他便舀了一汤匙放到嘴巴里，结果被辣得泪流满面。但是他却想让他的朋友也上一次当，于是，尽管泪流满面，他却一点也不露声色。

乙看到甲泪流满面，大为惊奇，于是问道："你怎么了？为什么哭啊？"

甲回答道："我想起了我的爸爸，他在十多年前被送上了断头台。"

乙听后便安慰了甲几句。过了一会，乙也用汤匙舀了一汤匙芥末酱放进了嘴巴里。当乙也开始泪流满面的时候，甲故意问道："你怎么也哭起来了。"这时乙回答了一句话，使甲非常尴尬，哭笑不得。

乙的回答非常巧妙，你能判断出乙回答了一句什么话吗？

14 一场空欢喜

"我喝酒的时候,每个人都可以喝酒!"酒店里有个人招呼大家进去喝酒。他喝干了杯子里的威士忌,又喊道:"我要再来一杯,每个人也可以再来一杯!"于是大伙怀着感激的心情又干了一杯。那人喝下了第二杯酒后,从兜里掏出两美元"啪"一声放在柜台上。"我付账的时候,"接着他又吼了一句,众人哑然失笑。

请猜猜,他又吼了一句什么?

15 进退两难

一个商人多次想从一位顾客那讨回欠账。最后,他不顾一切地向那位顾客寄去一张小女儿的照片并在随寄的一封信中写道:"这是我急于要钱的原因!"很快便得到了回信,信中附有一张身穿比基尼泳装的妖艳的金发女郎的照片。照片下方还写了一行字。

请猜猜,照片下方写了什么?

16 几个爹

一账房先生打趣一农夫,"喂,你有几个爹呀?"农夫:"我有三个爹:亲爹、丈人爹、干爹。那么你呢?"账房讨不到便宜,无奈,只好装模作样拨动算盘珠。不料,农夫又一语惊人,使账房干吃哑巴亏。农夫又说了什么呢?

17 笑什么

历史老师给学生讲古代罗马人的故事。老师说:"在罗马有一条很宽的河流。罗马人为了锻炼身体,每天都在河里游泳。有一个人,每天在吃早饭以前,都要横渡这条河三次。"一个女学生听到这里,大声笑了起来。老师生气地说:"你笑什么?我的话有什么可笑的?"这个女学生为什么笑呢?

18 地主的吹嘘

一个地主在张三面前吹嘘自己的地盘如何如何大,他说:"我乘汽车从我的土地这头到那头,整整花了一个小时。"张三对他的吹嘘很反感。你能想到他是怎样幽默地嘲讽地主的吗?

19 自夸

一个美国人和一个英国人一起乘船,美国人对于英国人的生活方式颇有微词。"你们英国人真是太保守了,瞧我,血液中就有俄国、西班牙、希腊和意大利血统。"英国人看了他一眼,即给予了幽默而有力的回击。请问,英国人是怎样回击的?

20 第四个傻瓜

从前,有一个国王,他命令大臣到全国各地去找四个"傻瓜"。大臣只好出去执行国王的命令。

大臣看到有一个人骑着小马,但却把沉重的包袱顶在头上。大臣相信,他是个傻瓜,因为他没有把包袱驮在马背上,因此,他找到了第一个傻瓜,让他跟着自己走。

大臣继续往前走。他看到一个人向街上的行人分发糖果。大臣叫住他,问他为什么这样做。那人回答说:"先生,我和妻子离婚后,她又与别人结婚了。现在她生了一个儿子,我很高兴,所以我到街上向人们分发喜糖。"大臣找到了第二个傻瓜,让他也跟着自己走。

大臣回到王宫,把两个傻瓜带到了国王面前。国王问大臣:"为什么说这两个人是傻瓜。"大臣说明了原因,国王非常高兴,但他说:"我让你找四个傻瓜,但你为什么只带回了两个?"

大臣回答说:"陛下,我是第三个傻瓜,因为我正事不干,却浪费时间来干寻找傻瓜的蠢事。"国王又问道:"现在我想知道第四个傻瓜在哪儿?"大臣请求国王原谅:他不能回答。但国王坚持让他讲。于是大臣答道:"陛下,请原谅我明言直说吧,您是第四个傻瓜。"国王问大臣为什么这样说。大臣说了一个理由,使国王苦笑不止,承认他自己确实是一个傻瓜。大臣是怎么说的呢?

21 单数和复数

老师："尼克，你懂得单数和复数了吗？"尼克："懂得了。"老师："那你说说看'裤子'是单数还是复数？"尼克的回答让老师哭笑不得。

请猜猜，尼克是怎样回答的？

22 辩驳先生

传说，古时候杭州有个辩驳先生，招牌挂得大大的，称自己口才天下第一。山东孔子听说辩驳先生口才好，赶到杭州，对辩驳先生说："我想跟你驳一驳，好吗？""跟我驳？赌什么？""随你讲。""赌500钱。我辩赢，就将这事写上挂牌挂起来；我辩输，这招牌就砸掉。""好，你先讲！"

"先生，你故里在哪里？""在山东。""到这多少路？""几千里。""爹娘健在否？""爹娘双全！""爹娘双全，出门远游是不孝！"辩驳先生抓住这点，猛攻过去。"这……"孔子想，他自己说过"父母在，不远游"的话，不想今天被辩驳先生抓住了。孔子无话可答，只好认输，付出500钱。辩驳先生将这事写上招牌，高高挂了起来。

这日，铁拐李也来到杭州，见到那招牌，就对辩驳先生讲："我想跟你驳一驳，好吗？""好，你先讲。""你先讲！""我先讲就先讲，我问你到杭州来做啥？""为人医病。""带有啥药？""灵丹妙药。""你有灵丹妙药，为啥不先医好自己的烂脚？"铁拐李被问哑了，和孔子一样，也驳输了，只好付出500钱。

这时有个杀猪人路过，就对辩驳先生说："我跟你驳一驳，好吗？"辩驳先生从头到脚看了看杀猪人，说："孔子、铁拐李都输了，你杀猪人甭驳算了。"杀猪人连忙说："你招牌上又没有写杀猪人不能驳，为啥偏不叫我驳？"辩驳先生被问得哑口无言，只好认输，付出500钱。但想想又不服气，就对杀猪人说："再驳一下，赌大点！""赌多大？""赌3 000钱！""赌3 000钱要让我先讲。""你先讲就你先讲吧！快讲来！"这时杀猪人上前一把抓住辩驳先生的头发，说了一句话，说得辩驳先生无话可答，苦笑不止，只好乖乖地付出3 000钱。

杀猪人说了什么话呢，你能说说吗？

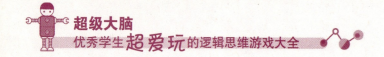

23 只要年轻就好

老奶奶60岁了，可她不愿意人家说自己年纪大。有一天，老爷爷上山去了，不在家，来了个卖柿子的，在院墙外面叫道："哎，卖柿子喽，又香又甜的柿子哟！""老奶奶，买柿子吗？"可是老奶奶一听他叫"老奶奶"，就生起气来了。这时卖柿子的又恭维她说："老奶奶，真看不出来您有60岁了。"老奶奶忍不住了："快滚一边儿去！我才不愿让你看出有60岁呢！"她朝卖柿子的泼了一盆冷水。卖柿子的逃到邻家，邻家教他说："那家老奶奶最不愿意人家说她年纪大，最不愿意人家叫她老奶奶，你想要她买你的柿子，就得说她年轻。"于是卖柿子的又慌慌张张地回到老奶奶家。

这一回，他走进院子就说："呀，刚才我看错了。老奶奶，不，姑娘，这么一近看，你真年轻！"老奶奶立刻诧异地说道："是吗？你看我有多大年纪？""嗯，19，再不就是20岁吧。最多不过21岁。"一听这话，老奶奶高兴极了。"你真是个老实人。来，我把你的柿子都买了。放下吧！"她说着便付了钱，把柿子全买下了。

到了傍晚，老爷爷从山上回来一看，家里有一大堆柿子，便问："老伴呀，谁送给你这么多柿子？""不是人家送的，是我买的。因为那个卖柿子的说我只有19、20岁，顶多不过21。对你来说，我越年轻，你该越高兴呀！"一听老伴这么说，老爷爷愣住了，过了一会儿，他扭着头说道："奇怪……""奇怪什么呀？"老爷爷笑嘻嘻地一说，气得老奶奶哭笑不得。老爷爷说了什么呢？

24 爱听奉承话的胖大嫂

有位胖大嫂，爱听人的奉承话，谁不夸上她几句，想向她要水喝也难。一天，有位走村串户的卖零货的商贩，打村里过，天热口渴，向胖大嫂讨碗水。突然想起她是一位爱听奉承话的人，于是做了一首奉承她的诗："大嫂像个十七、十八、二十五，犹如坛中水豆腐，三月的萝卜有水色，叶里梅花真看得。"胖大嫂怎知话中音，以为在百般赞她的年轻美貌，喜得心花怒放。又是泡茶，又是递烟，"兄弟、兄弟"的叫个不停，还给煎了两个荷包蛋。请你想想，商贩是怎样讽刺胖大嫂的？

25 辣嫂巧戏县官

新中国成立前,有个县官以关心百姓疾苦为名,带着一班人马,到民间游山玩水、吃喝玩乐。这天黄昏,县官一行看到天色已晚,就想在附近村里暂住一夜。下轿之后,他让随行人去找村长并吩咐道:"要搞20盘山珍野味给老爷下酒。"

一个时辰过后,村长领着县官来到辣嫂家中吃饭。入座后,县官看到桌上摆的只是两盘韭菜、一盘炒笋干、一盘咸辣椒,根本没有什么山珍野味,不由勃然大怒,质问村长:"刚才的交代你听清楚了没有?"

村长一时神色慌乱,不知如何回答。辣嫂见状,笑迎上前说道:"县官大老爷,这正是遵照您的吩咐准备的呀!"说罢,辣嫂一五一十地数给县官听。县官听了辣嫂的解释,哑口无言,愤然离去。

你猜猜看,辣嫂说了些什么话,使县官无言以对?

26 一副对联

从前有个贪婪而又吝啬的财主,由于他"夺泥燕口,削铁针尖,鹭鸶腿上劈精肉,蚊子腹内刳脂油",加之爱财如命,一毛不拔,村上乡民皆暗地叫他"铁公鸡"。一年,这个吝啬财主满60岁,为了庆祝自己的花甲大寿,他大摆"丰宴"遍请当地绅士名流。绅士名流接到帖子,以为吝啬财主开斋,会花钱买些酒肉,于是有的学究写了贺联,有的秀才写了诗,准备送给财主。那日,大家乘兴而来,但见桌上既无酒也无鹅鸭鸡肉,只有豆腐干、笋干、菠菜、青菜及红白萝卜,不禁暗暗叫苦。一生性诙谐的落第举人嘻嘻一笑,朝吝啬财主拱了拱手:"六十花甲,可喜可贺,晚生送副贺联。"说罢要求纸墨笔砚,连连挥笔:

一二三四五七八九十 一二三四五六七八十

接着又写了一张五个字的横额:文口八土回。绅士名流一看,无不窃笑。你知道他们笑什么吗?

27 吕安访友

三国时期，文学家吕安和"竹林七贤"非常要好。一次，吕安不远千里，驱车来到河南修武看望"竹林七贤"之一的嵇康。不巧，嵇康外出了，只有嵇康的哥哥嵇喜在家。嵇喜是个德才不高的庸俗官吏，吕安素有耳闻，对他十分鄙视。因此，尽管嵇喜再三挽留，吕安拒不进门，只在门上写下一个大大的"鳯"（凤）字，然后，微微一笑，登上车，扬长而去。

嵇喜一看，以为是这位雅士夸赞自己日后能攀龙附凤，步步高升呢，乐得手舞足蹈。嵇康回来后，嵇喜把这件事告诉了他，聪明的嵇康一看，笑笑说："他是在讽刺你呢。"经他一解释，嵇喜顿时感觉又羞又愧。

这是怎么回事呢？

28 哑联兴味

苏东坡被贬黄州后，一居数年。一天傍晚，他和好友佛印和尚泛舟长江。苏东坡忽然用手往左岸一指，笑而不语。佛印顺势望去，只见一条黄狗正在啃骨头，顿有所悟，随将自己手中题有苏东坡诗句的蒲扇抛入水中。两人面面相觑，不禁大笑起来。

你知道其中的奥妙吗？

29 讥讽药方

明代翰林丰坊是浙江人。他博学多才，又精于医道。因他性情耿直，因而得罪了当权者，被贬官家居。一次，宁波县令派一小吏向他要一个滋补药方，丰坊二话没说，即提笔写下处方："大枫子去了仁，无花果多半边，地骨皮用三粒，史君子加一颗。"

县令看了药方，沉吟良久，恍然大悟，对属员们说："我们都挨骂了。"众人不解。经县令解释以后，大家方才明白。

这一药方骂的什么呢？

30 王冕对字谜

元代著名画家、诗人王冕，出身于贫寒的农家，少年时白天替财主放牛，边放牛边在青石上写字画画，晚上便到寺庙里去借长明灯读书。长大后，因未考中进士，一气之下，归隐山林，卖画为生。其画多作墨梅，在当地颇有名声。

王冕少年时替财主放牛，有一年到了年终该领工钱时，突然财主出难题说："你得先回答我一个问题，答对了，我就把工钱给你，如果答不上，分文不给。"王冕只好同意："老爷，你问吧。"财主说："从前有一帮穷人在锄地，突然挖到一块璧玉，这些穷人叫嚷说：'这是块宝贝，我们分了吧。'于是他们就把璧玉摔碎了，一人分了一块。但他们哪里知道，这价值连城的璧玉一打碎了就不值钱了。结果，他们仍旧是穷光蛋。这是个故事谜，打一个字，你说是什么字？"王冕立即回答说："这有何难？这不过说的是穷人分宝贝还是穷，不就是'贫'字吗？"财主没难住王冕，只好把一年的工钱全付给了王冕。

王冕拿到钱好不高兴，停了一会儿，王冕说："老爷，我也说个故事谜，打一字。老爷如果猜对了，我白给你干一年活，如果猜不出，那我就要告辞回家了。"财主心想："你说吧！"王冕说："从前有一位财主想出外做生意赚大钱，于是他雇了一位伙计，并在契约上写明，财主出钱，伙计出力，赚钱后年终三七开。一年生意下来果然赚了大钱，财主为了独吞，当伙计来分红时，财主哭丧着脸说：'真是倒霉透了！昨天我俩分手时，因马受惊狂奔乱跳，一下子就把装钱的箱子给踏扁了，钱没法取出来。'这样，财主就把钱全部私吞了。老爷，你猜这是什么字？"财主听了，抓耳搔腮，怎么想也猜不出来。王冕忍不住，差点笑出声来，说出了答案。财主一听恼怒万分，但先前有约，又不好发作，只得让王冕回家。

你知道这是个什么字吗？王冕是怎么解释的？财主又为什么恼怒？

31 如此新娘

有个贪色的县官，一心想讨个称心如意的小老婆，差人东挑西选，弄得民心不安。一天，庞振坤自荐为县官说媒，问他要娶什么样的媳妇。县官说："我要的是：樱桃小口杏核眼，月牙眉毛天仙脸，不讲吃喝不讲穿，四门不出少闲言。"庞振坤笑道："巧啦，俺村上就有这么一个女子。"当下商定了娶亲的日子。迎亲那天，鞭炮、锣鼓、喇叭，好不热闹。

但当县官要去搀新娘时，他却大吃一惊，怒斥庞振坤骗他。可庞振坤的回答却让县官哑口无言，众人听罢大笑不止。你知道县官为什么吃惊，庞振坤又是怎么回答的吗？

32 莲船队骂贪官

明初，江西有个知府，姓甘名百川，人称五道太守。上任不久就露出了贪官本相：到处伸手，明抢暗夺，搜括民财。这一年元宵节，当地百姓用白纸糊了一只旱地莲船，游行上街。船前面两只人扮的狮子，口里衔着一个大元宝。船旁站着五个道士，都歪戴着帽子。中央一个道士举着一根发黄的竹竿，仅竿头上有点青色。这样一支离奇的队伍，缓缓地穿过闹市，引来了许多闲人，看了都捧腹而笑。

原来，这是一出讽刺剧，一首隐语诗，一则哑谜。它暗藏着四句话："好个干白船，两狮都咬钱；五道冠不正，一竿青不全。"人民就用传统的文化娱乐形式，巧妙而又辛辣地揭露了甘百川的贪赃枉法。你知道其中的奥妙吗？

33 纪晓岚题字戏和珅

清朝乾隆年间，皇宫侍读学士纪晓岚，能诗善文，通晓经史，生性诙谐，常以奇言妙笔戏谑权贵，揶揄公子王孙。

一次，尚书和珅为示风雅，在官邸后花园建书亭一座，邀请纪晓岚题匾。纪晓岚素闻和珅的几个宝贝儿子，全是嫖赌逍遥、不通文墨的花花公子，有意作弄一下。他挥笔写下"竹苞"二字，莞尔而去。

和珅以为纪晓岚是取"竹苞松茂"之意，赞的是书亭四周的翠竹美景，于是乐呵呵地说："清高，雅致，妙不可言！"继而令工匠将这龙飞凤舞的"竹苞"两字，精雕细刻，镶挂于书亭之上。

不久，乾隆皇帝御驾光临，见书亭匾额，大笑不已。和珅瞠目不解，乾隆解释说："爱卿，这是纪晓岚在嘲笑你家宝贝儿子呢……"

和珅听了，哭笑不得，直骂自己糊涂。

你知道乾隆是怎样解释的吗？

34 狗屁分三等

梁启超讲过一个"狗屁分三等"的故事，说的是有一年某学政大人主持某地学子的考试，由于所有考生都太差，这学政大人只得勉强拔出前三名，批曰：第一名是"放狗屁"，第二名是"狗放屁"，第三名是"放屁狗"。有人问，这"放狗屁""狗放屁"和"放屁狗"究竟区别何在？梁启超的解释令人捧腹，但却让人叹服。你理解其中的奥妙吗？

35 袁世凯挽联

窃国大盗袁世凯一命呜呼之后，全国人民奔走相告，手舞足蹈。这时，四川有一位文人，声言要去北京为袁世凯送挽联。乡人听后，惊愕不解，打开他撰写好的对联一看，写着：

袁世凯千古；

中国人民万岁！

人们看后，不禁哑然失笑。文人故意问道："笑什么？"一位心直口快的小伙子说："上联的'袁世凯'三字，怎么能对得住下联'中国人民'四个字呢？"文人听了"哧"的一声笑了起来，解释了一番，众人都哈哈大笑。

你知道这副对联的含义吗？

36 幽默的吴佩孚

历史上北洋军阀时期很有名的一位首领吴佩孚，虽然说他是善于武功的，但也是前清秀才出身，所以有的时候也会来点出人意料的幽默。

有一次，吴佩孚少年时候的同学王兆中前来投靠他，而且同学还提出想到河南弄个县长什么的来当。因为吴佩孚知道这位同学才识平平，所以便在同学的申请上戏批了四个字"豫民何辜"。结果自然是县长没当成。

可是又过了一段时间，这位同学还是不肯死心，又来向吴佩孚请任旅长，而且还在申请书上慷慨陈词："兆中愿率一旅之师，讨平两广，将来班师凯旋，一定解甲归田，以种树自娱。"

而这次，幽默的吴佩孚又给同学批了一句话，那位同学再也不向上申请做官了。

你知道吴佩孚批的是什么字吗？

37 巧设悬念

抗日战争时期，在延安。有一次，毛泽东同志去"抗大"讲课。当时，各地青年历尽千辛万苦来到延安，听说又叫离开，不少人想不通，甚至发牢骚。在讲课中，毛泽东同志微笑着说："最近几天，有不少同志给中央写信，说：'我们好不容易来到党中央身边，怎么一到就叫离开呢？'我说对呀，中央许多同志也很同情这些同志的想法。但是，就有一个人不同意，整天叽里咕噜的。"说到此，他故意停住了。这个人究竟是谁呢？大家面面相觑，怎么也猜不出来。

这时，只见毛泽东同志幽默地指着肚子说："这个人就是'肚先生'，也就是我们的肚子啰！"他话音未落，已是哄堂大笑。笑声中，青年们疑团顿解，心里像打开了一扇窗户。"肚先生"不同意是什么意思呢？

38 加一行字

前些年美国可口可乐公司的一位经理,在北京办理合资建厂事宜,下榻北京香山饭店。正好遇见一位中国青年书法家在客厅为外国友人书写条幅,这位经理灵机一动,向青年书法家提出要求,为他书写一个广告,内容是,孔子曰:"可口可乐好极了!"

青年书法家十分为难,写吧,春秋时期的孔圣人何曾见过美国的"可口可乐",怎么会赞美"可口可乐好极了!"不写吧,又会影响祖国的形象,连一个广告都不肯给外国人写,这可是一次跨国公关呢!

正在青年书法家为难之时,站在他旁边的他的老师,一位老年书法家却嘱其照写不误,不过在青年书法家写好之后,老师却在左边加了一行字,这一行字一加,不仅无损于孔子的声誉,而且还说明了孔子在外国友人心目中的崇高地位,同时,这一行字,具有活泼、幽默的意味,很符合美国人的欣赏习惯,因此人人见了,莫不拍手称妙。

你知道这老师加了一行什么字吗?

39 安徒生的反击

闻名世界的丹麦童话作家安徒生生活非常俭朴,他经常戴着破烂的帽子在大街上行走。一天,一个路人讥笑他:"你脑袋上边的那个东西是什么?能叫帽子吗?"面对这样的侮辱,安徒生用幽默的语言予以巧妙而犀利的回击,你能猜出他是怎么回击的吗?

40 李斯特的反击

匈牙利钢琴大师李斯特一次为沙皇演奏时,沙皇却不停地与众官员大声谈话,李斯特怒不可遏,你猜猜他怎样运用幽默的语言维护艺术的尊严?

41 真是那样

德国的大诗人海涅非常有名，经常有很多人找到海涅聊天。可是就因为海涅出生在犹太人的家庭，又遭到很多人的恶意嘲讽和攻击。有一次，一位旅行家找到海涅对他说："我最近在外面旅行的时候，新发现了一个小岛，你猜猜看，这个小岛上有什么现象最使我感到惊奇？"海涅当然不知道这个旅行家说的是什么现象，所以摇摇头，反问那位旅行家："什么现象？"

只见那位旅行家诡秘地一笑："小岛上竟没有犹太人和驴子！"听完这话，身为犹太人的海涅知道这位旅行家是在变相地说自己是驴子。

海涅动脑筋想了想说了一句话，那位旅行家顿时就愣住了，只能哭丧着脸赶紧离开了。

你知道海涅说的是什么话吗？

42 丈母娘的考问

杰克第一次去未婚妻菲丽家时，菲丽的母亲想试试他的智力，便故意问他："如果有一天我和菲丽一起掉到河里，而时间只允许你救起一个人的话，你先救谁？"杰克一时为难了，心想：如果说先救菲丽，菲丽母亲肯定不乐意，如果说先救菲丽母亲，她会知道这显然是骗她。他想到了一个好的回答，使大家听了都很满意并开怀大笑。你知道他是怎样回答的吗？

43 胆大包天

一位青年给大仲马写了一封信，建议两人合写一部小说。大仲马在回信中尖刻地写道：

"先生，您怎么如此胆大包天，竟然想把一匹高贵的马和一头卑贱的驴子套在一辆车上呢？——大仲马。"

于是年轻人立即给大仲马写了一封回信。大仲马接到回信后立即转怒为喜，马上复信道："请把文稿寄来，我的朋友。我很乐意接受您的建议。"

你能猜出年轻人的回信是怎么写的吗？

44 莫泊桑的大胡子

法国著名小说家莫泊桑长着大胡子。有一次，一位贵妇傲慢地对他说："你的小说没什么了不起，不过你的胡子倒挺好看。你为什么要留这么多的胡子呢？"

你能想出莫泊桑应该怎样幽默地嘲讽她吗？

45 虚构的钓鱼故事

英国著名的作家狄更斯，不仅写出伟大的作品，让人们念念不忘，而且还是一个机智、幽默的人。有一天狄更斯想要放松一下心情，就到江边去钓鱼了。一边观赏沿岸的风景，一边等待鱼儿上钩。

这时候，从远处走来一位年轻人，一直走到他的跟前，然后说："怎么，您在钓鱼？"

"是啊，"狄更斯随口回答，"今天运气真糟，这时候了，还没钓到一条鱼儿呢。可是昨天也是在这里，这个时间就已经钓了15条呢！"

不过，好像那位年轻人并不搭理这茬事，因为那个年轻人说道："是这样吗？"那人继续说，"可是您知道我是谁吗？我是专门管这段江面的，这儿是禁止钓鱼的！"说着，年轻人从口袋里掏出发票本，要记名罚款。

可是就在这时，狄更斯灵机一动，说了一番话挽回了这场损失，年轻人也苦笑着离开了。

你知道狄更斯是怎么说的吗？

46 洞察天机

有位女记者问著名画家毕加索："为什么你画的成年男子一般看起来比成年女子年轻？"毕加索想了一下，说了一句话。

请问，毕加索是怎样解释这一问题的？

47 大废纸篓

爱因斯坦到普林斯顿大学上任的那天，有人问他办公室里需要配备什么用具。"我看，一张书桌或台子，一把椅子和一些铅笔就行了。啊，对了，还要一个大废纸篓。"他说。"为什么要大的？"爱因斯坦的一番话让众人哈哈大笑，但同时对他又佩服不已。

请猜猜，爱因斯坦为什么要大的废纸篓？

48 机智的回答

每个人都会遇到一些难以回答的问题，而且对于国家领导人来说，遇到这样的事情更是让人头疼。英国首相威尔逊就曾经遭遇过捣乱的人。那是在一次演讲中，威尔逊正手舞足蹈地处在兴奋头上，这时却在台下传来一句："狗屎！垃圾！"很显然，这是有一些捣乱的人在故意制造混乱。

威尔逊虽然没有受到干扰，但是在这样严肃的公众场合，说出这样的话很让威尔逊下不来台。不过好在威尔逊急中生智，不慌不忙地说了一句话，让场下的所有人都大笑不止，然后都安静下了，包括那个骂威尔逊的家伙也沉默了。

你知道威尔逊说了一句什么吗？

49 丘吉尔的反击

英国议会大厅，一场激烈的演讲正在进行中。此时的演说者是保守党议员乔因森·希克斯，只见他在台上讲得唾沫四溅，声嘶力竭。而坐在台下的丘吉尔首相却不时摇头，表示反对。乔因森·希克斯于是颇为恼火，冲着丘吉尔不客气地说："我想提醒尊敬的先生们注意，我只是在发表自己的个人见解。"丘吉尔不慌不忙的回击让对方哑口无言，苦笑不止。

你知道丘吉尔是怎样巧妙反击这位演说者的吗？

50 浴盆中会面

第二次世界大战期间，英国首相丘吉尔到华盛顿会见美国总统罗斯福，要求美国共同抗击德国法西斯，并给予物质援助。丘吉尔受到热情接待，被安排住进白宫。一天早晨，丘吉尔正躺在浴盆里抽着他那种特大号雪茄，突然，美国总统罗斯福推门进来。丘吉尔大腹便便，肚子露出水面，这两个大国的领导人在此刻会面，确实非常尴尬。而丘吉尔扔掉烟头，利用这特殊的场合以幽默的口吻说了一句话，就解除了尴尬的局面。

丘吉尔是怎样说的呢？

51 谁能代表工人阶级

苏联外交部长维辛斯基出身于贵族，是著名的能言善辩的外交家。在联合国的一次代表大会上，英国工党的一名外交官向他发难说："你是贵族出身，我家祖辈是矿工，我们两个究竟谁能代表工人阶级呢？"在这种情况下，你猜维辛斯基说了一句什么话，巧妙地回击了挑衅者，令挑衅者大为难堪，哭笑不得，并赢得了众人敬佩的掌声？

52 编辑的回答

一位女士写了一个很长的故事，寄给一位有名的编辑。几个星期后，稿子被退了回来。这位女士十分气愤，她马上给那位编辑打电话说："亲爱的先生，收到了你退给我的稿件，但你没看就把它否定了。为了试试你是否真的读过，在寄出前我把18、19页粘在一起，当我打开退稿时，这两页还是粘在一起的。"编辑立即作了回答。编辑的回答使那位女士哭笑不得，哑口无言。

试问：编辑是怎样回答的呢？

53 编辑的反击

德国著名作家台奥多尔·冯塔纳当年在柏林当编辑时，一次收到一个作者寄来的几首没有标点的诗，附信还写道："我对标点向来是不在乎的，如用时请您自己填吧。"作家对作者轻率的态度感到反感，他于是将稿退回，并随稿写了一句附言，巧妙地将"标点"和"诗"的位置互换了一下，以回敬对方，令对方见了哭笑不得。

你能想到附言上写了什么吗？

54 夸夸其谈的诗人

甲乙两位诗人很久没有见面。一天，他们在路上相遇了，于是两人站在路边谈了起来。甲得意扬扬地说："我把今年的两个大喜讯告诉你：一是我结婚了；二是我的诗很受欢迎，就咱们没见面的这段时间，读者已增加了一倍。"乙对甲历来喜欢夸夸其谈大为反感，这次决心回敬他几句。乙说了一句十分幽默的话，令甲哑口无言，你猜他怎么说的？

55 签字的腿

有位作家给一家杂志社投稿，文章发表后，在正常情况下，他应该在短时间内收到稿费。但事实上，这名作家过了很长时间都没有收到稿费。于是，他只好亲自前往那家杂志社领取稿费。

当他找到杂志社的出纳时，出纳却对他说："真是对不起，先生。稿费支票已经开好了，但是经理还没有签字，所以领不到钱。"

作家听后有些愤怒地问道："早该付的款，他为什么不签字呢？"

出纳解释道："因为他的腿被撞伤了，躺在病床上，无法签字。"

作家听后便说了一句话，这句话既表现出作家同情、理解和关爱的态度，又证明了出纳的那条推诿理由是荒谬的，出纳也哭笑不得，不得不把稿费付给了作家。那么，你知道他是怎么说的吗？

56 作家和皮箱

一个少年问一个名作家："您很出名，为什么用的皮箱却很普通？"你猜猜作家是怎样幽默地回答少年的？

57 肯尼亚动物园

肯尼亚天然动物园里，经常有不文明的游客向鳄鱼池内投掷物品。管理员想了很多办法，还是无法禁止。后来，有位管理员就在布告牌上写了一句十分幽默的话，才煞住了这种不好的风气。请你想一想这句话的内容。

58 出言不逊的年轻人

一天，两名年轻人来到你开的旅店向你问道："这种狗窝，住一宿要多少钱？"你会怎样用幽默而犀利的语言回敬他们呢？

59 电话没打错

特妮夫人的电话号码是3463。她住的镇上有家电影院，电影院的电话号码是3464。人们经常搞错，把打给电影院的电话打到了她家。一天晚上，电话铃响了，特妮夫人接起电话，一个男人疲惫的声音传过来："你们最后一场电影什么时间开始放映？""对不起，你打错了，这不是电影院。"特妮夫人说。"哦，20分钟前开始的。"那个男人说。"很抱歉，好，再见！"特妮夫人很奇怪，就去问丈夫。丈夫一听，笑着说："不，这个男人没打错……"妻子听后哈哈大笑。丈夫为什么认为电话没有打错呢？

60 挤柠檬

贝克是伯勒马戏团的大力士。他的表演很受观众欢迎，一根很粗的铁棒，他用手轻轻一折就折断了，就像人们折断一根甘蔗那么轻松。然后，在观众们的阵阵喝彩声中，贝克向观众提出他那著名的100英镑的悬赏：

"你们看到这颗柠檬了吗？每个人都可以把柠檬挤出汁来，现在我先把柠檬挤干，如果谁能把我挤过的柠檬再挤出一滴汁来，我就给他100英镑。"

通常，总有那么三四个力气大的人上台试试，但都失败了。一天晚上，一个50多岁的小个子走进表演场地来碰运气了。这引起了人们一阵阵哄笑声。然而，令人大吃一惊的是，这个小个子居然把大力士贝克挤过的柠檬挤出汁来，而且几乎挤了一汤匙！贝克不禁惊叫："先生，你真行！你是干哪行的？"小个子的回答让观众们笑得前仰后合。

他是干哪一行的呢？你能猜猜吗？

61 他该如何回答死亡率

有一个国家非常贫穷，无论是医药，还是食物都非常缺乏。贫穷导致这个国家每年都有很多人死去。

有一次，这个国家有个人被任命为使者，去联合国寻求帮助，希望能从联合国得到一些医药和食物。当使者把情况说明后，很多联合国的成员国都表示会给这个国家提供一些援助，也有几个富国很不愿意，但由于多数国家都表示会提供援助，他们也不得不表示同意。

在会议休息期间，其中一个富国的使者想羞辱一下这位穷国使者，于是故意问他："根据贵国的经济状况来看，贵国的死亡率一定不低吧？"

听到了这名使者的话后，周围很多其他国家的使者都明白他是在讥讽那个穷国的经济很落后。使者们都把目光对准了穷国使者，想知道他准备如何回答这个问题。

穷国使者也听出了对方的意思，于是他思索了一番后说出了一句话，让那名富国使者尴尬万分，而且他的话也营造出一个幽默的效果。那么，他说了一句什么话呢？

62 有趣的比赛

军营生活是丰富多彩的。一位大校到某连蹲点，经过半个多月的摸爬滚打，他同士兵们结下了深厚的友谊。一个星期天，他与战士们下过几盘象棋，尔后便同大伙儿摆上了"龙门阵"。闲聊中，一名冒失鬼说："首长，你又胖又矮，我们这些战士谁都能同你比个高低。"这是揭开了这位大校的短处，听了这不礼貌、不尊重首长的话，在场的人不免有些紧张，然而大校却笑呵呵地说："好，比就比！但有一个条件……"当他把条件一说，战士们哄堂大笑，都不敢同他比了。这是什么条件呢？

第6章

逻辑探案

许多朋友对《尼罗河上的惨案》《阳光下的罪恶》等推理影片推崇备至，对于《东方快车谋杀案》《福尔摩斯探案集》等推理小说更是如数家珍。这些影片、小说之所以引人入胜，不仅仅是因为它们情节惊险曲折，悬念迭起，更重要的是人们为其中细致的观察、缜密的推理所折服。这种影片、小说的主人公不是身怀绝技、飞檐走壁的大侠，而是精于观察、善于推理、语言幽默的大侦探。他们从一系列的事实出发，进行严密的推理，以此揭示情节的发展过程和结局。《福尔摩斯探案集》一开始有这样一个情节：

当华生医生第一次见到福尔摩斯时，福尔摩斯一开口就说："我看得出，你到过阿富汗。"华生医生很惊异，后来他对福尔摩斯说："一定有人告诉过你。"福尔摩斯解释说："没有那回事。我当时一看就知道你从阿富汗来。由于长久的习惯，一系列的思索飞也似的掠过我的脑际。因此，在我得出结论时竟未觉察得出结论所经历的步骤。但是这中间是有一定步骤的。在这件事上我的推理过程是这样的：'这一位先生具有医务工作者的风度，但却是一副军人气概，那么显见他是个军医。他是刚从热带回来，因为他脸色黝黑，但是，从他手腕黑白分明的皮肤看来这并不是他原来的肤色。他面容憔悴，这就可以清楚地说明他是久病初愈而又历尽了艰苦的人。他左臂受过伤，现在动作还有些僵硬不便。试问，一个英国的军医在热带地方历尽艰苦，并且臂部负过伤，这能在什么地方呢？自然只有在阿富汗了。'这一连串的思考不到一秒钟，因此，我便脱口说出你是从阿富汗来的，你当时还感到惊奇哩！"

在我们常人看来，这样的思考过程是一瞬间形成的，而对于福尔摩斯之类的大侦探来说更是如此，但其中一连串的推理却是存在的，如：凡具有军人气概的都是军人，他具有军人的气概，所以，他是军人。凡动作僵硬不便就是受过伤，他的左臂动作僵硬不便，所以，他的左臂受过伤。当然，其中还有其他一些推理形式。以上两个推理都有内容和形式之分。第一个推理可看作是关于心理、气质的，第二个推理是关于生理的，就是说它们的内容不同。但如果撇开具体的内容，它们却具有相同的形式（或结构），用符号表示就是：

所有M是P，所有S是M，所以，所有S是P。

从逻辑上说，上面的推理形式是符合规则的。推理中具体判断（如"凡具有军人气概的都是军人""他是军人"等都是判断）的真假要由具体科学和实践检验，是具体科学研究的内容，而其中的推理形式（判断之间联系的结构方式）才是逻辑研究的对象。逻辑学就是要从形式上判定推理是否正确。推理由判断组成，而判断又由概念构成（如"军人气概""军人"等都是概念），因此，除推理之外，逻辑还研究如何恰当地下判断，如何正确地使用概念。概念、判断、推理是思维（即人的思想活动）的3种基本形式。遵守这些规律可保证人的思维不会产生逻辑矛盾，具有明确性、确定性，这也是逻辑的主要内容之一。因此，逻辑就是关于思维形式的结构及其规律的学问。它告诉你什么样的思维是正确的，什么样的思维是错误的，指导你如何想，如何说，如何驳斥诡辩。推理影片、小说备受欢迎也正说明其中的推理过程、推理方式是人类共有的。

1 爱因斯坦的世界性难题

爱因斯坦曾经出过一道世界性难题,据说难倒过许多科学家,许多警校也把它列为逻辑学必修课的内容。该题目如下:

有五间房屋排成一列;所有房屋的外表颜色都不一样;所有的屋主来自不同的国家;所有的屋主都养不同的宠物;喝不同的饮料;抽不同的香烟。

(1)英国人住在红色房屋里。
(2)瑞典人养了一只狗。
(3)丹麦人喝茶。
(4)绿色的房子在白色的房子的左边。
(5)绿色房屋的屋主喝咖啡。
(6)吸Pall Mall香烟的屋主养鸟。
(7)黄色屋主吸Dunhill香烟。
(8)位于最中间的屋主喝牛奶。
(9)挪威人住在第一间房屋里。
(10)吸Blend香烟的人住在养猫人家的隔壁。
(11)养马的屋主在吸Dunhill香烟的人家的隔壁。
(12)吸Blue Master香烟的屋主喝啤酒。
(13)德国人吸Prince香烟。
(14)挪威人住在蓝色房子隔壁。
(15)只喝开水的人住在吸Blend香烟的人的隔壁。

问:谁养鱼?

2 警长判案

警官史特勒手持一份案件的卷宗走进了警长格奥格的办公室,将其恭恭敬敬地放在上司的桌上。

"警长,4月14日夜12时,位于塔丽雅剧院附近的一家超级商厦被窃去大量贵重物品,罪犯携带赃物驾车离去。现已捕获了A、B、C三名嫌疑犯在案,请指示!"

格奥格警长慈祥地看了得力助手一眼,翻开了案卷,只见史特勒在一张纸上写着:

事实1:除A、B、C三人外,已确证本案与其他任何人都没有牵连;
事实2:嫌疑犯C假如没有嫌疑犯A作帮凶,就不能到那家超级商厦作案盗窃;
事实3:B不会驾车。

请证实C是否犯了盗窃罪?

格奥格警长看后哈哈大笑,把史特勒笑得莫名其妙。然后,格奥格三言两语就把助手的疑问给解决了。

请问,警长是怎样判案的呢?

3 张三有罪吗

有一家大百货商店被人盗窃了一批财物。警察局经过侦察，拘捕了三个重大的嫌疑犯：张三、李四与王五。后来，又经过审问，查明了以下事实：
（1）罪犯带着赃物是坐车逃掉的；
（2）不伙同张三，王五决不会作案；
（3）李四不会开汽车；
（4）罪犯就是这三个人中的一个或一伙。
请你概括分析一下，在这个案子里，张三有罪吗？

4 嫌疑犯与真凶

一甘、二静、三心、四忆、五玛这五个人中，有两个是绝对不说谎话的嫌疑犯，有三个是有时会说真话，有时会说谎话的真凶。某天，他们分别对对方做出了如下描述：
一甘：二静绝对不说谎话。
二静：三心说谎。
三心：四忆说谎。
四忆：五玛说谎。
五玛：二静说谎。
一甘：五玛从没有说过一句谎话。
五玛：三心说谎。
请问，五个人当中谁是嫌疑犯？谁是真凶？

5 杀人犯、抢劫犯和无辜者

三条大汉站在警长的面前，其中有一个是永远讲真话的无辜者，有一个是永远撒谎的杀人犯，有一个是时而撒谎、时而讲真话的抢劫犯。这三个人分别说了如下的三句话：
A："我是抢劫犯。"　B："A说的是实话。"　C："我不是抢劫犯。"
听了这三句话之后，警长立即断定A、B、C各为何种人。为什么？

6 谁是抢劫犯

一天深夜，伦敦的一幢公寓连续发生三起刑事案件。第一起是谋杀案，住在四楼的一名下院议员被人用手枪打死；第二起是盗窃案，住在二楼的一名名画收藏家珍藏的6幅16世纪的油画被盗了；第三起是抢劫案，住在底楼的一名漂亮的芭蕾舞演员的珠宝被暴徒抢劫了。

报警之后，伦敦警察总部立即派出大批刑警赶到作案现场。根据罪犯在现场留下的指纹、足迹和搏斗的痕迹，警方断定这三起案件是由三名罪犯分头单独作案的（后来证实这一判断是正确的）。

经过几个月的侦查，终于搜集到大量的确凿证据，逮捕了A、B、C三名罪犯。在审讯中，三名罪犯的口供如下：

A供称：
1.C是杀人犯，他杀掉下院议员纯粹是为了报过去的私仇。
2.我既然被捕了，我当然要编造口供，所以我并不是一个十分老实的人。
3.B是抢劫犯，因为B对漂亮女人的珠宝有占有欲。

B供称：
1.A是著名的大盗，我坚信那天晚上盗窃油画的就是他。
2.A从来不说真话。
3.C是抢劫犯。

C供称：
1.盗窃案不是B所为。
2.A是杀人犯。
3.总之我交代，那天晚上，我确实在这个公寓里作过案。

三名罪犯中，有一个的供词全部是真话，有一个最不老实，他说的全部是假话，另一个人的供词中，既有真话也有假话。

A、B、C分别作了哪一个案子，看完口供后刑警亨利已经做出了判断。

7 珠宝店被盗

某珠宝店被盗，警方已发现如下线索：
（1）A、B、C三人至少有一人是罪犯；
（2）如果A是罪犯，则B一定是同案犯；
（3）盗窃发生时B正在咖啡店喝咖啡。
由此推出谁是罪犯？

8 谁偷了东西

甲、乙、丙三人有一个人偷了东西,警长问是谁干的。
甲说:"是乙干的。"
乙说:"不是我干的。"
丙说:"也不是我干的。"
如果知道三人中有两人说的是假话,有一人说的是真话,能判断是谁偷了东西吗?
分析:结论有三种可能,全部列出,进行判断。

9 审讯嫌疑犯

5月12日,N市的一家银行被盗了。警察抓到了四名嫌疑犯,对他们进行了审讯。每个人都只讲了四句话,并且都有一句是假话。笔录记述如下:
甲:"我从来就没有到过N市。我没有犯盗窃罪。我对犯罪过程一无所知。5月12日我和瑞利一起在P市度过的。"
乙:"我是清白无辜的。我在5月12日那天与瑞利闹翻了。我从来也没有见过甲。甲是无罪的。"
丙:"乙是罪犯。瑞利和甲从来也没有到过P市。我是清白的。是甲帮助乙盗窃了银行。"
丁:"我没有盗窃银行。5月12日我和甲在P市。我以前从未见过丙。丙说甲帮助乙干的是谎言!"
请你概括、分析一下四名嫌疑犯的上述供词,指出谁是盗窃犯?

10 说真话的是谁

"你们究竟谁在说谎?"警长对囚犯们怒吼道。
张三说:"李四在说谎。"
李四说:"王五在说谎。"
王五说:"张三、李四都在说谎。"
那么说真话的是谁?

11 谁是罪犯

有一天，某城市的珠宝店被盗走了价值数万元的钻石。报案后，经过三个月的侦破，查明作案人肯定是甲、乙、丙、丁中的一人。经审讯，这四人的口供如下：

甲：钻石被盗的那天，我在别的城市，所以，我不是罪犯；
乙：丁是罪犯；
丙：乙是盗窃犯，三天前，我看见他在黑市上卖一块钻石。
丁：乙同我有仇，有意诬陷我。

因为口供不一致，无法判定谁是罪犯。经过测谎试验知道，这四人中只有一人说的是真话。如果概括一下上述已知条件，你知道谁是罪犯吗？

12 谁是哥哥

有两位囚犯是兄弟，哥哥上午说实话，下午说谎话，而弟弟正好相反，上午说谎话，一到下午就说实话。有一个警察问这兄弟二人：你们谁是哥哥？

较胖的说："我是哥哥。"
较瘦的也说："我是哥哥。"
那个人又问："现在几点了？"
较胖的说：快到中午了。
较瘦的也说："已经过中午了。"

请问现在是上午还是下午？谁是哥哥？

13 猜牌辨兄弟

大头和小头兄弟俩站在他家院子里的一棵树下咧开嘴笑着。侦探见到他俩说："要不是你们的衣领不同，恐怕我分不清哪个是哥哥，哪个是弟弟呢。"

一个兄弟答道："你应当运用逻辑推理的方法。"这时他从口袋里掏出一张扑克牌，向侦探扬了扬，那是一张方块皇后。他说道："你看，这是一张红牌。红牌表明持牌的人是讲真话的，而黑牌表明持牌的人是讲假话的。现在我兄弟的口袋里也有一张牌，不是黑的就是红的。他马上要说话了。如果他的牌是红的，他将要说真话；要是他的牌是黑的，他就要说假话。你的事儿就是判断一下他是小头弟弟还是大头哥哥？"

这时候，另一位兄弟开腔了："我是大头哥哥，我有一张黑牌。"

请问，他是谁？

14 石头、剪子、布

囚室里的三个犯人喜欢用石头、剪子、布的猜拳游戏来决定谁来打扫卫生。三人一起出拳，输了的人打扫卫生，可是往往出现平局，分不出胜负。于是，一个犯人提议把游戏规则变成两两对决，轮番淘汰，这样就不会总出现平局了。真是这样吗？

15 划拳游戏

在印度尼西亚也有划拳游戏。不过他们是用大拇指、食指、小拇指来分别表示人、蚂蚁、大象（相当于石头、剪刀、布的关系）。当两人伸出相同的手指就算平局，因此经常决定不了胜负。

有一天A对B说："为了一次定局，让我们只伸出'人'和'蚂蚁'吧，如果咱俩同时伸出'人'，就算我胜；如果同时伸出的是'蚂蚁'，就算你胜。我看这样很公平，而且很痛快，一次就定局了。"

如果B同意这样赛法，那么，比赛五次的话，A能胜几次？

16 花瓣游戏

在一个古朴的小岛上，有很多有意思的古朴的风俗，比如说有一种掰花瓣的游戏，就是两个人拿着一朵有13片花瓣的花朵，然后轮流摘去花瓣，一个人可以摘去一片或者相邻的两片，谁摘去最后的花瓣就是赢家，他在这一天中将会有好的运气。有一个来旅游的数学家发现，只要按照一种方式，就可以在这个游戏中一直获胜，那么，这个获胜的人是先摘的人还是后摘的人？他用什么方法呢？

17 古董碎了

甲、乙、丙、丁四个人中有一人打碎了一个价值连城的古董，古董主人把他们都送到了警察局。

乙说："是甲打碎的。"
甲说："是丙打碎的。"
丙说："不是我打碎的。"
丁说："甲说是我打碎的，他在说谎！"

他们四个人中，其实只有一人说了真话。请你判断一下，究竟是谁打碎了古董？

18 谁差钱

有个农夫，他的五个儿子都已成家立业。一个灾荒之年，农夫面临断粮，不得不求助于他的儿子们。他不知道哪个儿子有钱，但是他知道，兄弟之间彼此知道底细。且有钱的说的都是假话，没钱的才都说真话。

老大说："老三说过：我的四个兄弟中，恰有一个有钱。"
老二说："老五说过：我的四个兄弟中，恰有两个有钱。"
老三说："老四说过：我们兄弟五个都没钱。"
老四说："老大和老二都有钱。"
老五说："老三有钱，另外老大承认过他有钱。"

如果你是法官，你能否帮助农夫分析一下，他的儿子中哪个有钱？

19 超市失窃案

某超市失窃，大量的商品在夜间被罪犯用汽车运走。三个嫌疑犯被警察局传讯。警察局已经掌握了以下事实：

（1）罪犯不在A、B、C三人之外；
（2）C作案时总得有A作从犯；
（3）B不会开车。

概括一下上述线索，你认为A是否卷入了此案？

20 警务人员

警局里的警务人员，包括我在内，总共有16名队长和警员。下面讲到的人员情况，无论是否把我计算在内，都不会有任何变化。在这些警务人员中：
（1）警员多于队长。
（2）男队长多于男警员。
（3）男警员多于女警员。
（4）至少有一位女队长。
这位说话的人是什么性别和职务？

21 无法离婚

一对夫妻由于在一些问题上观点总是对立，因此经常吵架，最终二人决定离婚，并且请了一位法官作离婚判决。
"法官先生，我们的观点从不一致，所以我们要离婚。"
夫妻二人均向法官表达了上述观点。法官听完之后说道：
"非常遗憾，你们两位只能继续生活在一起。因为你们的意见并非总是不一致，所以无法分离。"
法官何出此言啊？

22 谁和谁结成了夫妻

有三个男警员A、B、C，即将与甲、乙、丙三位女警员结婚。有人想知道他们谁和谁是一对，于是前去打听。
他先问A，A说他要娶的是甲姑娘，他又去问甲，甲说她将嫁给C，再去问C，C说他要娶的是丙。这可把这个人弄晕了，原来三个人都没有说真话。你能推出谁和谁结成了夫妻吗？

23 阴晴不定的巡逻

一位巡警在某城市巡逻若干天,这期间的气候是:
(1) 上午和下午共下了7次雨。
(2) 如果下午下雨,整个上午全晴天。
(3) 有5个下午晴天。
(4) 有6个上午晴天。
概括分析一下,他一共巡逻几天?

24 判断国籍

A、B、C、D、E、F六个囚犯分别是中国、日本、美国、英国、法国、德国人。现在已知:
(1) A和中国人是医生;
(2) E和法国人是教师;
(3) C和日本人是警察;
(4) B和F曾当过兵,日本人从未当过兵;
(5) 英国人比A年龄大,德国人比C年龄大;
(6) B同中国人下周要到中国去旅行,而C同英国人下周要到瑞士去度假。
问:A、B、C、D、E、F各是哪一国人?

25 名次该如何排列

某警局举行射击比赛,甲、乙、丙、丁、戊五位警员得了前五名,发奖前,警长让他们猜一猜各人的名次排列情况。
甲说:乙第三名,丙第五名;
乙说:戊第四名,丁第五名;
丙说:甲第一名,戊第四名;
丁说:丙第一名,乙第二名;
戊说:甲第三名,丁第四名;
警长说:每个名次都有人猜对。
那么名次该如何排列呢?

26 查出真相

警方发现熊本被杀害了，并很快查明了凶手是铁君、秀君、政君和龙君四人中的某一个人（无合谋者）。但是，凶手究竟是谁，熊本是在什么时候被杀害的，尸体怎样被处理的……都还不清楚。于是警方对这四个嫌疑人进行了传讯。传讯结果如下：

铁君说："熊本在昨晚10点被杀害，作案人是秀君，作案地点是在河堤上，凶器是手枪，熊本的尸体被扔到了河里。"

秀君说："熊本在昨晚9点被杀害，作案人是政君，作案地点是在大桥上，凶器是刀子，尸体被扔到了河里。"

政君说："熊本在昨晚11点被杀害，作案人是龙君，作案地点是在河堤上，凶器是刀子，尸体被掩埋了。"

龙君说："熊本在昨晚12点被杀害，作案人是铁君，作案地点是在熊本的家里，凶器是手枪，尸体被装在箱子里扔掉了。"

上述四人的证词明显是互相矛盾的。后经警方的进一步调查，查明在上述供词中，每个人只有两条说的是正确的，其他三条都是错误的。

那么，关于凶手、凶器、作案的时间和地点以及尸体的处理方法的正确答案是什么呢？

27 找出武器

警察局的桌子上放着四个盒子。每个盒子上都有一张纸条，分别写着一句话。

A盒子上写着：所有的盒子里都有武器；
B盒子上写着：本盒子里有手枪；
C盒子上写着：本盒子里没有匕首；
D盒子上写着：有些盒子里没有武器。

如果这里只有一句话是真的，你能断定从哪个盒子里能拿出武器来吗？

28 不可思议的赛跑

有甲、乙、丙、丁四位警员赛跑，它们共进行了四次比赛。结果是甲快乙三次，乙又快丙三次，丙又快丁三次。很多人会以为，丁跑得最慢，但事实上，丁却快甲三次，这看似矛盾的结果可能发生吗？

29 谁是领头

警察在车厢里发现一伙人赌博,他们是张三、李四、王五、阿七。在审问他们谁是头时,他们的回答各不相同。

张三说:"头是王五。"
李四说:"我不是头。"
王五说:"李四是头。"
阿七说:"张三是头。"

经过了解,这一伙人中只有一个人说的是实话,其他三人说的都是假话。

警长问同来的警察:"知道谁是头吗?"
一个警察指着一个人说:"是他。"
你知道"他"是谁吗?

30 昨天手枪,今天步枪

甲、乙和丙三位警员去练习射击,他们每人练的不是手枪就是步枪。
(1)如果甲练的是手枪,那么乙练的就是步枪。
(2)甲或丙练的是手枪,但是不会两人都练手枪。
(3)乙和丙不会两人都练步枪。
谁昨天练的是手枪,今天练的是步枪?

31 猜名次

一次射击比赛,甲、乙、丙三位警员做出如下猜测:
甲:小李第一,小刘第三。
乙:小张第一,小陈第四。
丙:小陈第二,小李第三。
结果他们的猜测也都只对了一半。那么,正确的名次是什么?

32 警察局里的拔河比赛

某警察局举行拔河比赛，所有警察分为甲、乙、丙、丁四个小组。当甲、乙两组为一方，丙、丁两组为另一方的时候，双方势均力敌，不相上下。但当甲组与丙组对调以后，甲、丁一方就轻而易举地战胜了丙、乙一方。然而，分组较量时，甲、丙两组均负于乙组。这四组中，谁的力气最大？

33 谁是最佳警员

A、B、C、D、E、F、G和H八位警员竞争最佳警员。由一个专家小组投票，票数最多的将获最佳警员。

如果A的票数多于B，并且C的票数多于D，那么E将获得最佳警员。

如果B的票数多于A，或者F的票数多于G，那么H将获得最佳警员。

如果D的票数多于C，那么F将获得最佳警员。

如果上述断定都是真的，并且事实上C的票数多于D，并且E并没有获得最佳警员，以下哪项一定是真的？

（1）H获奖。
（2）F的票数多于G。
（3）A的票数不比B多。
（4）B的票数不比F多。

34 谁在说谎

有一个"说谎国"和一个"老实国"。有一天，两个说谎国的人混在老实国人中间，想偷偷进入老实国。他们俩和一个老实国的人进城的时候，侦探喝问他们三人："你们是哪个国家的人？"

甲回答说："我是老实国人。"

乙的声音很轻，侦探没有听清楚，于是指着乙问丙："他是哪一国人，你又是哪一国人？"

丙回答道："他说他是老实国人，我也是老实国人。"

侦探只知道三个人中间只有一个是老实国的人，可不知道是谁。他面对这样的回答，应该做如何分析？

第6章 逻辑探案

35 误入歧途

某地有一座风光优美的山丘,山脚下有一个三岔路口,其中有一条路是旅游者来时的路,它是从公路上延伸过来的,而另外两条路则沿着山脚朝相反方向延伸。这两条路中,有一条会指引你登上风光无限的山顶;而另一条路则前途叵测,因为它通向毒蛇出没的山谷,而且路上险象环生,误入歧途者九死一生。在三岔路口处没有插立任何路标,却站着一对长得一模一样的双胞胎兄弟。他们两人中,一个始终讲真话,一个永远讲假话。不过,旅行者无法分辨谁真谁假。

现在,如果你是一位侦探,希望不走错路,能够登上山顶,那么,你如何只向双胞胎问一句话,就能判断正确的上山之路呢?

36 嫌疑犯的血型

张三、李四、小赵、小钱四个嫌疑犯的血型别分是A型、B型、O型、AB型四种血型中的一种,而且各不相同。根据四人自述:

张三说:"我是A型。"
李四说:"我是O型。"
小赵说:"我是AB型。"
小钱说:"我不是AB型。"

其中有三人讲的是对的,只有一人把自己的血型记错了。你能推理出究竟是谁记错了吗?

37 向导

在大西洋的"说谎岛"上,住着X、Y两个部落。X部落总是说真话,Y部落总是说假话。

有一天,一个旅游者来到这里迷路了。这时,恰巧遇见一个土著人A。

旅游者问:"你是哪个部落的人?"

A回答说:"我是X部落的人。"

旅游者相信了A的回答,就请他做向导。

他们在路途中,看到远处的另一位土著人B,旅游者请A去问B是属于哪一个部落的?A回来说:"他说他是X部落的人。"

旅游者糊涂了。他问同行的侦探:"A是X部落的人,还是Y部落的人呢?"侦探说:"A是X部落的人。"

为什么?

38 河水能喝吗

海洋中的一个小岛上生活着谎话部落和真话部落。一个风和日丽的早晨,大侦探来到了这个小岛。由于饥渴难耐,大侦探决定先找水喝。他发现了一条小河,但是小河入海处,却漂浮着一些死鱼。大侦探犹豫了,不知河水是否有毒。这时,来了一位岛上的居民,大侦探决定询问一下。

"天气真好啊!"大侦探说道。

"啊呜啊呜。"居民回答道。

大侦探又问:"这水能喝吗?"同时捧起河水,做喝水状。

"啊呜啊呜。"

居民做出同样的回答,也不知是肯定还是否定。而且这个人也不知道是真话部落的还是谎话部落的。大侦探陷入了沉思。

如果你是大侦探,如何判断河水是否能喝?

39 B城人的头发

一个侦探根据自己的调查得出这样一个结论:有的中小城市的居民的数量,还不及一个居民头上头发的数量多!他的结论可信吗?假设B城人的数量比任何一个B城人的头发的数量都多,并假设B城人中无秃子。现在要考考你的推理能力,从上述假设中,能否必然推出结论:至少有两个B城人,他们的头发正好一样多?

40 死亡原因

达纳溺水死亡,为此,阿洛、比尔和卡尔被一位警探讯问。

(1)阿洛说:"如果这是谋杀,那肯定是比尔干的。"

(2)比尔说:"如果这是谋杀,那可不是我干的。"

(3)卡尔说:"如果这不是谋杀,那就是自杀。"

(4)警探如实地说:"如果这些人中只有一个人说谎,那么达纳是自杀。"

达纳是死于意外事故,还是自杀,甚至是谋杀?

提示:在分别假定陈述(1)、陈述(2)和陈述(3)为谎言的情况下,推断达纳的死亡原因;然后判定这些陈述中有几条能同时为谎言。

41 律师们的供词

艾伯特、巴尼和柯蒂斯三人，由于德怀特被谋杀而受到传讯。犯罪现场的证据表明，可能有一名律师参与了对德怀特的谋杀。这三人中肯定有一人是谋杀者，每一名可疑对象所做的两条供词是：

艾伯特：
（1）我不是律师。
（2）我没有谋杀德怀特。

巴尼：
（3）我是个律师。
（4）但是我没有杀害德怀特。

柯蒂斯：
（5）我不是律师。
（6）有一个律师杀了德怀特。

警察最后发现：
Ⅰ.上述六条供词中只有两条是实话。
Ⅱ.这三个可疑对象中只有一个不是律师。

是谁杀害了德怀特？

提示：判定（2）和（4）这两条供词都是实话，还是其中只有一条是实话。

42 琼斯警长的奖章

琼斯警长在警官学院开设培训课程，在每次课程结束时，他总要把一枚奖章奖给最优秀的警员。然而，有一年，珍妮、凯瑟琳、汤姆三个警员并列地成为最优秀的警员。琼斯警长打算用一次测验打破这个局面。

有一天，琼斯警长请这三个警员到自己的家里，对他们说："我准备在你们每个人头上戴一顶红帽子或蓝帽子。在我叫你们把眼睛睁开以前，都不许把眼睛睁开。"琼斯警长在他们的头上各戴了一顶帽子。琼斯说："现在请你们把眼睛都睁开，假如看到有人戴的是红帽子就举手，谁第一个推断出自己所戴帽子的颜色，就给谁奖章。"三个人睁开眼睛后都举了手。一分钟后，珍妮喊道："琼斯警长，我知道我戴的帽子是红色的。"

珍妮是怎样推论的？

43 最佳警员

王先生、他的妹妹、他的儿子，还有他的女儿，都是警员。关于这四人，有以下的情况：
（1）最佳警员的孪生同胞与最差警员性别不同。
（2）最佳警员与最差警员年龄相同。
请你概括分析一下，这四人中谁是最佳警员？

44 忘记关门

小赵、小钱、小孙、小李四个警员同住一间宿舍。每个人晚上回来的时间都不一样，有很晚才回的，也有很早就回的。这天四个人早上醒来时，发现昨晚没有关门，大家都很惊讶。肯定是昨晚最后回来的人粗心大意，忘了关门。这对一个警员来说，是不可思议的事情。
小赵说："我回来的时候，小孙还没有睡。"
小钱说："我回来的时候，小李已经睡了。"
小孙说："我进门的时候，小钱正准备上床休息。"
小李说："我一挨枕头就睡着了，什么也不知道。"
那么，究竟是谁最后进门，并且忘了关门呢？

45 侦探的问话

一个侦探在敌国被判处死刑，执政官要看看这个侦探是否真的富有智慧，便给他出了一道题：在他面前站着两个卫兵，每人手里捧一杯酒，一杯是美酒，一杯是毒酒，条件是他们一个说真话，一个说假话，有问必答，并且相互知道内情。侦探只能向卫兵问一句话，然后根据卫兵的回答来判定他们谁拿的是美酒，谁拿的是毒酒。如果判断错了，侦探只得饮毒酒而亡，如果判断正确，他就可以喝美酒活命。但侦探设计了一句十分巧妙的问话，终于解决了难题，挽救了自己的生命。你能猜出其中的奥妙吗？

46 嫌犯家庭的性别组成

某嫌疑犯一家人有甲、乙、丙、丁、戊、己、庚兄弟姐妹七人。只知道甲有三个妹妹，乙有一个哥哥，丙是女的，她有两个妹妹，丁有两个弟弟，戊有两个姐姐，己也是女的，但她和庚没有妹妹，请想想，这七个人中，哪个是男，哪个是女？

47 家庭谋杀案

一个四口之家中发生了谋杀案。一对夫妇和他们的一儿一女中，有一个人杀死了另一个人，第三个人是谋杀的目击者，第四个人是从犯。此外，这四个人中：
（1）从犯和目击者是异性。
（2）年龄最大者和目击者是异性。
（3）年龄最小者和死者是异性。
（4）从犯比死者年龄大。
（5）父亲年龄最大。
（6）凶手不是年龄最小者。
这家的四口人中，谁是凶手？

48 姻亲关系

在一起集体犯罪案件中，警长得知A、B、C、D、E五个嫌疑犯为亲戚关系，其中四个人每人讲了一个真实的情况：
（1）B是我父亲的兄弟。
（2）E是我的岳母。
（3）C是我女婿的兄弟。
（4）A是我兄弟的妻子。
上面提到的每个人都是这五个人中的一个（例如：当有人说"B是我父亲的兄弟"，你可以认为"我父亲"以及"我父亲的兄弟"都是A、B、C、D、E五人中的一个）。
上述四种情况各出自哪一人之口，这五个人的关系如何？

49 是否参与作案

某仓库被盗,大批商品在夜间被罪犯用汽车偷运。三个嫌疑犯甲、乙、丙被警方传讯。警方已经掌握了以下事实:
（1）罪犯不在甲、乙、丙三人之外。
（2）丙作案时总得有甲做从犯。
（3）乙不会开车。
甲是否参与作案?

50 星期几干的

一个犯罪团伙刚做完一起案件,但他们忘记是星期几干的了,于是聚在一起讨论。
张三:"后天星期三。"
李四:"不对,今天是星期三。"
王五:"你们都错了,明天是星期三。"
赵六:"今天既不是星期一也不是星期二,更不是星期三。"
刘七:"我确信昨天是星期四。"
孙八:"不对,明天是星期四。"
周九:"不管怎样,昨天不是星期六。"
他们之中只有一个人讲对了,是哪一个呢?今天到底是星期几?

51 谁是受害者

有一女子在河边洗澡,当她洗完后发现放在岸边的衣服被人偷了。关于这件事,受害者、旁观者、目击者和救助者各有说法。她们的说法如果是关于被害者的就是假的,如果是关于其他人的就是真的。请你概括一下他们的说法,判定谁是受害者。
甲说:"乙不是旁观者。"
乙说:"丁不是目击者。"
丙说:"甲不是救助者。"
丁说:"乙不是目击者。"

52 谁是无辜者

甲、乙、丙三人涉嫌一件谋杀案被传讯。这三个人中，一人是凶手，一人是帮凶，另一人是无辜者。下面三句话摘自他们的口供记录，其中每句话都是三个人中的某个人所说：

（1）甲不是帮凶。
（2）乙不是凶手。
（3）丙不是无辜者。

上面每句话的所指都不是说话者自身，而是指另外两个人中的某一个。上面三句话中至少有一句话是无辜者说的，而且只有无辜者才说真话。那么，谁是无辜者呢？

实际上，从他们的话语中，就可以概括、判定凶手，为什么？

53 前额上系的是什么牌

A、B、C、D、E五个犯人，每个人的前额上都系着一块白色或黑色的圆牌。每个人都能看到系在别人前额上的牌，但唯独看不见自己额上的那一块圆牌。如果某个人系的圆牌是白色的，他所讲的话就是真实的；如果系的圆牌是黑色的，他所讲的话就是假的。他们讲的话如下：

A说："我看见三块白牌和一块黑牌。"
B说："我看见四块黑牌。"
C说："我看见一块白牌和三块黑牌。"
E说："我看见四块白牌。"

根据以上的情况，推出D的前额上系的是什么牌。

54 主犯是谁

在一所公寓里有一人被杀害了，在现场约有三个人：A、B和C，已知这三人之中有一人是主犯，一人是从犯，另一人与案件无关。警察从在现场的人的口中得到了如下的证词：

（1）A不是主犯。
（2）B不是从犯。
（3）C不是与案件无关的人。

关于这三条证词，只知道：第一：证词中提到的名字都非说话者本人。第二：其中至少有一名是与案件无关的人讲的。第三：只有与案件无关的说了实话。但不知各证词分别出自何人之口。试问主犯究竟是谁？

55 犯人的高矮胖瘦

监狱里新来了八个犯人，分别是巴里、卡尔文、约翰、玛丽、保罗、山姆、伊恩、阿里。

已知：

1. 巴里比卡尔文矮；
2. 约翰比玛丽重；
3. 保罗比山姆轻；
4. 山姆比伊恩高；
5. 阿里比玛丽高。

问题：

（1）如果伊恩比阿里高，那么：

A.山姆比玛丽矮　　　B.山姆比玛丽高　　　C.山姆比保罗矮

D.山姆比保罗高　　　E.约翰比山姆高

（2）如果玛丽和山姆一样重，那么下列哪一组判断是错误的？

A.约翰130磅，玛丽125磅　　B.山姆130磅，阿里120磅　　C.保罗130磅，约翰125磅

D.卡尔文130磅，巴里130磅　　E.伊思130磅，巴里130磅

（3）下列哪一种条件可以保证巴里与山姆同样高？

A.玛丽和卡尔文一样高　　　B.伊恩和阿里一样高，玛丽和卡尔文一样高

C.伊恩、阿里、卡尔文和玛丽几乎一样高

D.玛丽身高5英尺4英寸，卡尔文身高5英尺4英寸，伊恩身高也是5英尺4英寸

E.以上没有一条是对的

（4）下列哪一条推论是对的？

A.玛丽至少不比其中三人矮或轻

B.山姆至少比其中一人高和重

C.如果再加入一个人——哈里，他比阿里高，比巴里矮，那么卡尔文比玛丽高

D.如果附加人员佐伊比伊恩高，那么她也比山姆高

E.以上均为错

56 专案小组

从赵、张、孙、李、周、吴六位警员中选出三位组成一个专案小组，集中力量侦破一个大案。为了使工作更有成效，我们了解到以下情况：

（1）赵、孙两个人中至少要选上一位；

（2）张、周两个人中至少要选上一位；

（3）孙、周两个人中的每一个都绝对不要与钱共同入选。

根据以上条件，若周未被选上，则以下哪两位必同时入选？

A.赵、吴　　B.张，李　　C.张、吴　　D.赵、李　　E.赵、张

57 谁击毙了逃犯

警长命令姓赵、钱、孙、李、周、吴、郑、王的八位警员同他一起追捕逃犯。逃犯拒捕，经过一番枪战，有一员警员的一颗子弹射中了逃犯并成功抓住了他。然而是哪一员警员射中的，开始谁也不清楚。好在每个人的子弹都是特制的，上面刻有警员的名字。事后，警长叫大家先不要去看子弹上刻写的名字，而要大家先猜猜究竟是谁射中的。八位警员众说纷纭。

赵："或者是王警员射中的，或者是吴警员射中的。"
钱："如果这颗子弹正好射中逃犯的头上，那么逃犯是我射中的。"
孙："我可以断定是郑警员射中的。"
李："即使这颗子弹正好射中逃犯的头上，也不可能是钱警员射中的。"
周："赵警员猜错了。"
吴："不会是我射中的，也不是王警员射中的。"
郑："不是孙警员射中的。"
王："赵警员没有猜错。"

猜完之后，警长命令赵警员把逃犯身上的子弹拿过来验看，证实八位警员中有三人猜对了。逃犯是谁射中的？

又问：假如有五个人猜对，那么逃犯又是谁射中的？

58 谁是凶手

角头老大葛辟莫名其妙地死了，警方请来他帮派里两位二哥级人物江狮和何虎前来协助了解死因。

两人在警局里分别提出如下的说辞：
江狮："如果葛辟被谋杀，那肯定是何虎干的。"
何虎："如果葛辟不是自杀，那就是被谋杀。"

警方并不清楚江狮和何虎两人所说的话是真是假？但可以确定的是：
1.葛辟可能死于意外、自杀或谋杀。
2.如果江狮和何虎都没有说谎，那么这件事就是一次意外。
3.如果江狮和何虎两人中有一人说谎，那么这件事就不是一次以外。

请问，葛辟的死因是什么？

59 哪个是最佳专案小组

对于哪个是最佳专案小组，甲、乙、丙、丁四位警员争论不休。
甲说："得金牌的不是一组就是二组。"
丙说："得金牌的绝不是三组。"
乙说："四、五、六组都不可能是最佳专案小组。"
丁说："得金牌的可能是四、五、六组中一个。"
比赛后发现这四个人中只有一个人猜对了，你能判断出谁是最佳专案小组吗？

60 三人专案小组

三个女警员海伦、珍妮和苏，四个男警员艾略特、乔治、伦纳德和罗伯特有资格被选入三人专案小组，除了他们之外，没有合格人选。
1.这些人中只有珍妮与乔治有亲戚关系；
2.有亲戚关系的人不能同时选入专案小组；
3.罗伯特不能与任何妇女共事。
问题：
（1）如果珍妮被选入专案小组，那么其余两人应从几人中挑选？
　A.2　　　B.3　　　C.4　　　D.5　　　E.6
（2）如果海伦和苏被选入专案小组，那么下列哪一组名单是有资格当选专案小组另一个成员的完整的准确的名单？
　A.珍妮；　　　B.珍妮、艾略特、伦纳德　　　C.艾略特、乔治、伦纳德
　D.珍妮、乔治、艾略特、伦纳德　　　E.珍妮、乔治、艾略特、伦纳德、罗伯特
（3）如果艾略特和伦纳德拒绝参加专案小组的工作，那么专案小组的组合有几种可能？
　A.1　　　B.2　　　C.3　　　D.4　　　E.5
（4）如果再附另一个条件：专案小组成员不能全部由同性人员组成；如果乔治被选入专案小组，那么有可能当选另两位成员的候选人的总人数是多少？
　A.1　　　B.2　　　C.3　　　D.4　　　E.5
（5）如果再附加一个条件：专案小组成员不能全部由同性人员组成，那专案小组的组合有几种可能？
　A.6　　　B.2　　　C.3　　　D.12　　　E.14

61 武林侦探

郭静、黄容和洋果是三位武林高手，分别擅长轻功、暗器、剑法、拳脚、内功和点穴的六门工夫中的两门，但确定的对应关系并不清楚。某天，他们三个合开道场，分别传授自己擅长的两门功夫。已知：

1. 剑法老师和暗器老师有心结。
2. 黄容最年轻。
3. 郭静经常对拳脚老师和暗器老师抱怨学生的素质不好。
4. 拳脚老师比轻功老师年纪大。
5. 黄容、内功老师和轻功老师三人经常一起切磋武艺。

如果你是一个武林侦探，请问，他们三人分别擅长哪两门功夫？

62 警车去向

五辆警车要去不同的地点执行训练任务。每辆车的后面都贴有该车的目的地的标志，每个警员司机都知道这五辆车有两辆开往A市，有三辆开往B市；并且他们都只能看见在自己前的车的标志。警长听说这几位警员司机都很聪明，没有直接告诉他们的车是开往何处的，而让他们根据已知的情况进行判断。他先让第三个警员司机猜猜自己的车是开往哪里的。这个警员司机看看前两辆车的标志，想了想说"不知道"。第二辆车的警员司机看了第一辆车的标志，又根据第三个警员司机的"不知道"，想了想，也说不知道。第一个警员司机也很聪明，他根据第二、第三个警员司机的"不知道"，做出了正确判断，说出了自己的目的地。问：第一个警员司机是开往哪儿去的？

63 穿蓝色大衣的间谍

在一列国际列车上的某节车厢内，有A、B、C、D四名不同国籍的旅客，他们身穿不同颜色的大衣，坐在同一张桌子上的两对面，其中两人是靠窗坐，另两人是挨过道坐。现在已经知道，他们中有一名身穿蓝色大衣的旅客是个国际间谍，并且又知道：

1. 英国旅客坐在B先生的左侧。
2. A先生穿褐色大衣。
3. 穿黑色大衣者坐在德国旅客的右侧。
4. D先生的对面坐着美国旅客。
5. 俄国旅客身穿灰色大衣。
6. 英国旅客把头转向左边，望着窗外。

请想想看，谁是穿蓝色大衣的间谍？

64 五人专案小组

为解决劳务争端问题,警局建立了一个五人专案小组。专案小组成员必须由两名管理人员代表、两名工人代表和一名对劳务问题持独立见解的专家组成。已知:

1. 管理人员代表必须在M、N和O三人中产生。
2. 工人代表必须在P、R和S三人中产生。
3. 或者J,或者K必须被选为有独立见解的专家。
4. P不能和S一同选入专案小组。
5. O不能和P一同选入专案小组。
6. 除非K选入专案小组,否则N就不能选入专案小组。

问题:

(1) 下列哪个名单中的人员可以一同在专案小组中工作?
A. J、M、N、R、S B. J、N、O、R、S C. K、M、N、P、R
D. K、M、N、P、S E. K、N、O、P、R

(2) 下列人员中,谁必定被选入专案小组?
A. O B. M C. N D. P E. R

(3) 设P和R被选为工人代表。此时,X、Y、Z三人各做了一个判断。那么,谁的判断和分析肯定正确?X:K被选入专案小组;Y:M和N被选为管理人员代表;Z:J被选入专案小组。
A. 只有X对 B. 只有Y对 C. 只有Z对
D. 只有X和Y对 E. 只有Y和Z对。

(4) 如果J已被选入专案小组,下列名单中哪四个人可同时被选入专案小组?
A. M、N、P、R B. M、N、R、S C. M、O、P、R
D. M、O、R、S E. N、O、R、S

(5) 如果N、R和S三人已被确定为专案小组成员,下列哪一条关于其余两名专案小组成员的判断是准确的?
A. M和O是可以补齐专案小组成员的两个人
B. K和O是可以补齐专案小组成员的两个人
C. K和M是可以补齐专案小组成员的两个人
D. 或者M和O,或者K和O有可能补上专案小组的空缺
E. 或者K和M,或者K和O有可能补上专案小组的空缺

(6) 如果J必须被选入专案小组,那么下列名单中哪一个不可能入选?
A. M B. O C. P D. R E. S

65 专案小组X和专案小组Y

由下列七位警员：弗雷德里克、乔治娅、海伦、艾琳、乔治、卡林和拉蒙特组成两个专案小组X和Y。此外，我们还知道：

1. 每个人必须在专案小组X或专案小组Y办事；
2. 没有人能够既服务于专案小组X又服务于专案小组Y；
3. 弗雷德里克不能与乔治娅或乔治在同一个专案小组工作；
4. 海伦不能与艾琳在同一个专案小组工作。

问题：

（1）如果海伦在专案小组X，下列哪一条必定是正确的？

A. 弗雷德里克在专案小组X

B. 乔治娅在专案小组Y

C. 艾琳在专案小组Y

D. 卡林在专案小组X

E. 拉蒙特在专案小组Y

（2）如果专案小组X只有两个人，下列人员当中谁有可能是其中之一？

A. 乔治娅　　B. 海伦　　C. 乔治　　D. 卡林　　E. 拉蒙特

（3）如果拉蒙特与卡林或艾琳不在同一个专案小组，下列哪一条是错的？

A. 弗雷德里克与艾琳在一起　　　　B. 乔治娅与海伦在一起

C. 海伦与卡林在一起　　　　　　　D. 艾琳与卡林在一起

E. 乔治与拉蒙特在一起

（4）原先的条件再加上下列哪一条限制，使专案小组的成员分配只有一种可能？

A. 弗雷德里克和拉蒙特必须在专案小组X，而海伦必须在专案小组Y

B. 乔治必须在专案小组X，而卡林和拉蒙特必须在专案小组Y

C. 乔治娅和拉蒙特必须在专案小组X

D. 海伦和另外四个人必须在专案小组X

E. 艾琳和其他三个人必须在专案小组Y

66 个个撒谎

一个精神病医生在寓所被杀,他的四个病人受到警方传记传讯。

Ⅰ.警方根据目击者的证词得知,在医生死亡那天,这四个病人都单独去过一次医生的寓所。

Ⅱ.在传讯前,这四个病人共同商定,每个人向警方作的供词条条都是谎言。

每个病人所做的两条供词分别是:

甲:
（1）我们四个人谁也没有杀害精神病医生。
（2）我离开精神病医生寓所时他还活着。

乙:
（3）我是第二个去精神病医生寓所的。
（4）我到达他寓所的时候,他已经死了。

丙:
（5）我是第三个去精神病医生寓所的。
（6）我离开他寓所的时候,他还活着。

丁:
（7）凶手不是在我去精神病医生寓所之后去的。
（8）我到达精神病寓所时他已经死了。

这四个病人中谁杀害了精神病医生?

67 说谎岛上的运动会

当大侦探访问说谎岛时,该岛正在举行第50届夏季运动会。大会主席给100米赛跑的第一、二、三名发奖时,大侦探正好在现场。

大侦探向两个看热闹的岛民问道:"你们两位是什么族的?"听了大侦探的问话后,这两个人互相指着对方说:"他是两面族的。"

这时,大侦探又继续问道:"100米比赛跑第一名的人是哪个族的?""诚实族的。"高个子岛民回答说。"不,是说谎族的。"这是矮个子岛民的回答。

大侦探再问:"跑第二名的是哪个族的人呢?"高个子的岛民回答说:"两面族的。"矮个子岛民说:"诚实族的。"

"那么,跑第三名的人呢?"大侦探又问道。"说谎族的。"这是高个子的回答。"两面族的。"这是矮个子的回答。

根据这两个岛民的回答概括、判定一下,这两位观众是什么族的吗?获得100米赛跑的第一、二、三名,又各是什么族吗?

68 干练的警员

甲、乙和丙是三个不同寻常的警员，每个人都恰有三个不同寻常的特点。

（1）两个人非常聪明，两个人非常细致，两个人非常强壮，两个人非常周密，一个人非常干练。

（2）对于甲来说，下面的说法是正确的：
①如果他非常周密，那么他也非常细致；
②如果他非常细致，那么他不是非常聪明。

（3）对于乙来说，下面的说法是正确的：
①如果他非常周密，那么他也非常聪明；
②如果他非常聪明，那么他也非常细致。

（4）对于丙来说，下面的说法是正确的：
①如果他非常细致，那么他也非常强壮；
②如果他非常强壮，那么他不是非常周密。

谁非常干练？

（提示：判定每个人的特点的可能组合。然后分别假定甲、乙或丙具有干练的特点。只有在一种情况下，不会出现矛盾。）

69 嘉利与珍妮

关押在丛林监狱里的囚犯，罪行大都比较轻。嘉利与珍妮姐妹俩，一个因为偷窃超级市场的货物而被捕，一个则因为吸毒而被拘留，两人凑巧关在同一间牢房里。在愚人节这一天，姐妹俩约定：姐姐嘉利在上午说真话，下午说假话；妹妹珍妮在上午说假话，下午说真话。

嘉利与珍妮姐妹俩外貌酷似，只是高矮略有差别，简直分不清谁是姐姐，谁是妹妹。所以，当监狱的看管进牢房提审嘉利时，他也弄糊涂了。但是他知道在这一天姐妹俩的约定。

他问道："你们俩哪个是嘉利？"

"是我！"稍高的一个回答说。

"是我！"稍矮的的一个也这样回答。

看管更加糊涂了。考虑了一会以后，他提出了一个问题："现在是几点钟呢？"稍高的一个回答说："快到正午12点了。"稍矮的一个回答说："12点已经过了。"

根据两人的答话，聪明的看管马上就推断出了哪个是嘉利。

请问：看管到牢房去是在上午，还是在下午？个子稍高的那个是嘉利，还是珍妮？

70 轮流值班

某专案小组在森林中露营执行历时六天的破案任务,六位警员——爱丽丝、贝蒂、卡门、多拉、吉娜、哈里特在他们的六天的露营生活中轮流值班,这样每个人洗一天碗就够了。值班的顺序按以下条件排列:

(1) 贝蒂在第二天或者在第六天值班;
(2) 如果爱丽丝在第一天值班,那么卡门就在第四天值班;反之爱丽丝不在第一天值班,哈里特也不在第五天值班;
(3) 如果吉娜不在第三天值班,那么爱丽丝在第三天值班;
(4) 如果爱丽丝在第四天值班,那么多拉在第五天值班;
(5) 如果贝蒂在第二天值班,那么吉娜在第五天值班;
(6) 如果哈里特在第六天值班,那么多拉在第四天值班。

问题:
(1) 下列哪一个值班顺序符合从第一天到第六天的值班条件?
  A.多拉、贝蒂、爱丽丝、吉娜、卡门、哈里特
  B.贝蒂、爱丽丝、哈里特、卡门、吉娜、多拉
  C.哈里特、吉娜、贝蒂、卡门、多拉、爱丽丝
  D.卡门、贝蒂、爱丽丝、多拉、吉娜、哈里特
  E.爱丽丝、贝蒂、多拉、卡门、吉娜、哈里特

(2) 如果多拉在第六天值班,那么卡门在哪一天值班?
  A.第一天   B.第二天   C.第三天
  D.第四天   E.第五天

(3) 如果爱丽丝在第一天值班,那么下列哪个人在第二天值班?
  A.贝蒂   B.卡门   C.多拉
  D.吉娜   E.哈里特

(4) 如果贝蒂在第二天值班,那么哈里特可能在哪一天值班?
  A.第一天   B.第四天   C.第一天或第四天
  D.第四天或第六天   E.第一天或第四天或第六天。

71 手枪和枪套

六把手枪S、T、U、V、W和X要放入六个枪套,从1~6编号,按照以下条件进行排列,每个枪套内必须有一把手枪,此外,还已知:
1.如果S排在U之前,那么T一定排在W之前;
2.如果T排在V之前,那么W一定排在X之前;
3.如果X排在S之前,那么U一定排在V之前。

问题:
(1)下列哪组排列符合以上所有条件?
A.S、U、T、W、V、X
B.S、X、W、U、T、V
C.V、U、T、X、W、S
D.W、S、T、V、X、U
E.X、V、S、U、W、T

(2)如果六把手枪,按照W、X、S、U、T、V的顺序排列是错误的,而颠倒其中两个毗邻手枪的位置就能纠正这个错误,那么应该颠倒哪两把手枪的位置?
A.1号和2号　　　　　　B.2号和3号
C.3号和4号　　　　　　D.4号和5号
E.5号和6号

(3)如果X、S、U分别在1号、2号、3号枪套,接下去4~6号的排列应该是什么?
A.T、V、W　　　B.T、W、V　　　C.V、T、W
D.V、W、T　　　E.W、V、T

(4)如果V在一号枪套,除了一把手枪之外下列各把手枪都可以放入6号枪套,这把手枪是哪把?
A.S　　　B.T　　　C.U　　　D.W　　　E.X

72 百万名钻遭窃

亿万富豪曾友浅的价值百万的名钻被偷了。窃贼确定是一同前来参加跨年派对的守样、桑巴、先仪、倩玛、芳同五人当中的一个。他们在接受警方盘问的时候,都各说了三句话:

守样:
1.我没有偷钻戒。
2.我从小到大没偷过任何东西。
3.是倩玛偷的。

桑巴:
4.我没有偷钻戒。
5.我家里很有钱,而且我自己有很多钻戒。
6.倩玛知道是谁偷的。

先仪:
7.我没有偷钻戒。
8.我在还没有出社会前并不认识芳同。
9.是倩玛偷的。

倩玛:
10.我没有偷钻石。
11.是芳同偷的。
12.守样说是我偷的。他说谎。

芳同:
13.我没有头钻戒。
14.是桑巴偷的。
15.先仪可以为我担保,因为我和他从小在一起。

警方经过仔细分析后,发现每个人所说的话中只有两句是真的,另外一句是假的。

请问,到底是哪个人偷了曾友浅的价值百万的名钻?

第1章 数理逻辑

1.D。D图中每个圆环上的数字之和是68，其他3图中每个圆环上的数字之和是66。

2.A图中问号处为40，B图中问号处为60。互为对面的一组数字相加（或相乘）等于中间的数字。

3.435。因为B栏中的435与A栏的3个数字都能被3整除。

4.

5.

6.

7.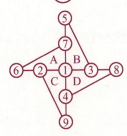

8.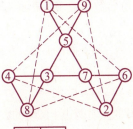

9.

3	9	
5	7	4
1	10	2
	6	8

8	10	
6	1	3
4	5	
	7	2

2	10	
5	8	6
3	1	4
	9	7

10.

			9	4	3	7
	4	5	5	B	6	
9	A	7	1	2		
1	6	8	2	8		

11. 33。在每组数字中，左下角的数字除以2，右下角的数字除以3，将两个得数相加，便是上方的数字，所以54÷2+18÷3=33。

12. 7。在每个三角形中，将3个角上的数字相加，再乘以2，结果等于三角形中间的数字。

13. 7。见下图，在各选项中，各数字之间的规律为$b=(c+d)\div a$。

14. 12。在各选项中，底部黑色三角形数字之和−表面灰色三角形数字=中部白色三角形数字之和。

15. C。在其他选项中，都是右边的数字+下面的数字=左边和上面组成的两位数，例如在A中，5+8=13。

16. 42。该数字序列的排列规律为72−8=64，64−7=57，57−6=51，51−5=46，46−4=42。

17. 13。在每一个圆中，被垂直线分开的左右两边半圆内的数字之和相等，所以（8+12+17+8）−（13+15+4）=13。

18. 2。在每个选项中，左上角两个数字组成的两位数与右下角两个数字组成的两位数相乘，等于中间的三位数，如图A，23×15=345。

19. 10。外端上面的数字×外端下面的数字−靠中间的数字，左边的结果−右边的结果=领结中心的数字，即（8×7−30）−（9×4−20）=10。

20. A图的问号处为−23，数字的分布规律为$2n-9$，即后一个数字的数值是前一个数字的2倍减9；B图的问号处为104，数字的分布规律为$3n-1$、$3n-2$、$3n-3$、$3n-4$。

21. 13。在3个图形中，外环所有数字相加后除以2，都等于图形中间的数字。

22. 20。顶角和底角的数字组成两位数，再除以2，即为图形中间的数字。所以40÷2=20。

23. 对换"2"和"8"的位置即可。

24.

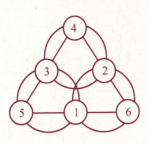

25. 第1行是 1、6、7；第2行是 8、5、2；第3行是 3、4、9。

26. 在1~9中，1+9=2+8=3+7=4+6=10，而剩下一个不能配对的数字5，正好写在中间那个圆圈内。

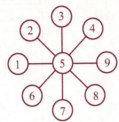

27.

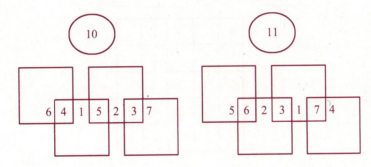

28.

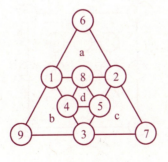

29.

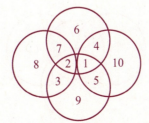

30.
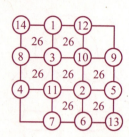

31.
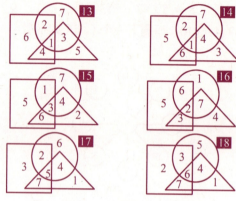

32.

6	2	9	3	7
3	7	6	2	9
2	9	3	7	6
7	6	2	9	3
9	3	7	6	2

33.
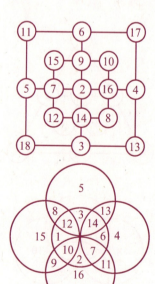

34.

答　案

35.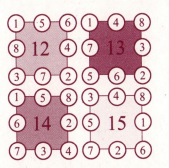

36.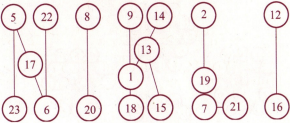

37.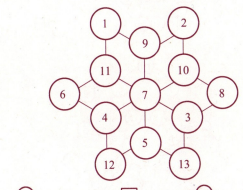

38.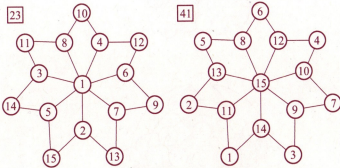

39.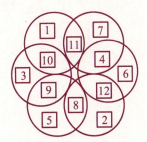

40.

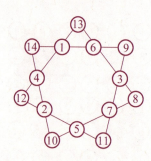

41.

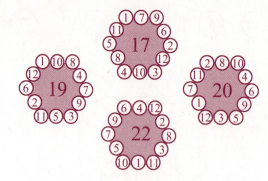

42.

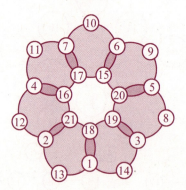

43.

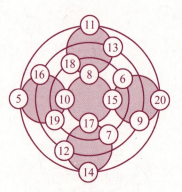

44.

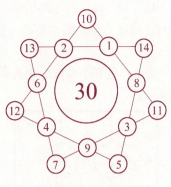

45.

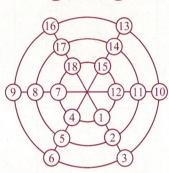

46.A。每条边内外两个部分的数字之和,等于对边内外两个部分的数字之和,7+4=8+3。

47.36。将外围每个长方形互不重叠的3个角上的数字相加,得出的和减去这3个两位数拆开后相加的和,即等于重叠部分方格内的数字,所以12+14+26-(1+2+1+4+2+6)=36。

48.10。将五边形内没有与正方形相交的4个数字相加,得出A;将A拆开后相加,得出B;A除以B,就可以得出该五边形的另外一个数字。

49.两个数字由左至右分别为3和5。在每一横行中,由左到右,前两个数字相加后即为下一个数字(如果相加后为两位数,则个位数为下一个数字)。

50.15。从第一行开始,第一行的相邻两个数字之和+第三行的相应的相邻两个数字之和=中间一行相应的相邻两个数字之和。

51.A。其他选项的第1行数字减去第2、3、4、5行的数字后,均等于1。

52.D。在每一行中,第1个方格中的数字×第2个方格中的数字+第3个方格中的数字=第4个方格中的数字。

53.

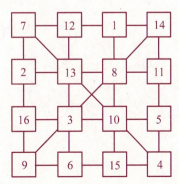

54. 从左到右分别填入6、12、6、16、10。每一行上的数字与隔一行的数字排序一致，不同的是，单数的第3、5、7、9行，每次数字均向左移动一格；而双数的4、6、8行，每次数字均向左移动两格。

55. 72。在每一横行上，每个数字的十位数和个位数分别表示它前后的空格数量，如24表示它前、后的空格分别为2个和4个。

56.

4	6	5
(20)		(20)
9	1	8
(19)		(19)
2	7	3

57.

A 20	B 35	C 40
D 5	E 25	F 45
G 10	H 15	I 30

58.

16	6	8		36	42	12
2	10	18		6	30	54
12	14	4		48	18	24

59.

36	28	20
45	37	29
54	46	38

60.

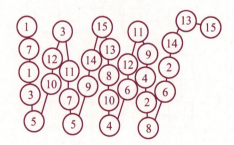

61.

62.

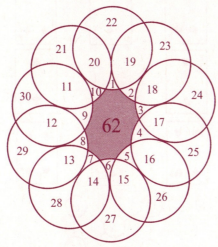

63.

				2	16	24			
				22	3	17			
				18	23	1			
2	22	18	18	23	1	1	17	24	24	16	2
13	9	20	7	15	15	19	8	8	21	13
27	11	4	4	12	26	26	6	10	10	5	27
				4	12	26			
				11	25	6			
				27	5	10			

64. 图D上方和右侧两个问号处应填的数字分别为26和52。在每个立方体中，上方的数字是正前方的数字依次除以某个递减数字而得出的结果。在图A中，72÷6=12；在图B中，95÷5=19；在图C中，84÷4=21；因此在图D中，上方的问号处为78÷3=26。另外，上方的数字等于正前方的数字减去右侧的数字，因此图D中右侧的问号处为78−26=52。

65. C。在C中，内环的一组数字1、8、1、0、1、8、4、7、8、9、5、9按逆时针方向排列，而在其他选项中，这组数字按顺时针方向排列。

66. 4−1+6−1+5−1+6−1+3=20。

67. 能得到的最小值是40，最大值是51。有3种方法可以得到40，分别是7—3—8—4—7—5—6，7—3—6—6—7—5—6，7—3—6—5—8—5—6。

68.（1）35—34—34—34—35—34—10。

（2）35—32—29—28—37—33—10；35—30—29—35—32—33—10。

（3）219。35—34—34—35—37—34—10。

（4）202。35—30—29—28—37—33—10。

（5）4条。35—32—29—35—37—33—10；35—30—34—35—32—35—10；35—33—32—34—32—35—10；35—33—32—32—35—34—10。

69.至少要移动4张牌。

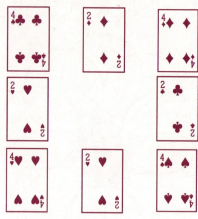

70.

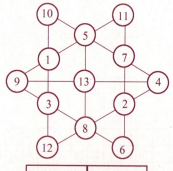

71.

72.

73.请按左侧图剪切,按右侧图拼合即可。

74.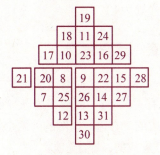

3	+	2	÷	5
×	5	=	1	×
6	−	2	÷	3

75.10÷2×7−3=32。

76.[(9−3)×4+19−8]÷5+4=11。

77.(6+4−3+5)×4÷8=6。

78.1×23×41+234=1 177

79.94×7=658。

80.

97−9=88
9+79=88

81.A=5;B=2;C=3;D=6。3个算式是:5×2×3=30;2×3×6=36;3×6×5=90。

82.应填入圆圈。三角形、正方形和圆圈的数值分别为5、8和9。

83.♠=6 ♥=8 ♦=3 ♣=4 ☺=7 ☻=5

84.37。☆ ★ ★ ☆ 的数值分别为5、7、1、4。

85.A=7,B=×,C=−,D=12,E=−。

86.第4个钟表的读数为9:30。1~4钟表的排列规律是,分针每次后退15分钟,时针每次前进3个小时。

87.21:14:51。由A~E,时针分别后退3、4、5和6个小时,分别前进4、8、16和32分钟,秒针分别后退1、2、3和4秒,因此E表的时间为21:14:51。

88.放一根香蕉。苹果、梨和香蕉的数值分别为2、4和8。

89.2个B。1个C=3个A,1个B=2个A。

90.4。以三角形的上角为界,左边各个方块的质量乘以它离中心点的距离单位值,再相加起来，这个数值与右边的方块"总值"是相等的，即左边=19×2+5×6+3×9=95，右边=22×2+？×4+5×7=95，所以问号处为4。

第2章 字母逻辑

1. A。可以看到左边3个字母都有"V"这一相同部分，而右边前两个字母都有"D"这一相同部分，据此寻找选项中仅有字母R也含有"D"这一图形，故选A项。

2. D。左边一组图的字母都是由3条直线构成的，右边一组图的前两个字母都是由4条直线构成的，同理推理第3个字母也是由4条直线构成的，即D选项。

3. A。左边3个字母图都是由直线组成的，而右边的一组图中前两个字母图是由直线加曲线组成的，因此推理第3个图也是由直线加曲线组成的。选项中仅有A项是由直线加曲线构成的。

4. C。左边3个字母均为轴对称图形，同时右边一组图的前两个字母也是轴对称图形。选项中只有字母Y是轴对称图形，因此选C。

5. D。在字母表中，字母A与C中间间隔一个字母B，同样C与E中间间隔一个字母D；根据这一规律，右边一组图中P与R中间间隔Q，字母R间隔一个字母S之后的字母应为T，即为D选项。

6. 字母Z应该是白色的。因为所有的白色字母都是一笔写完，其余的黑色字母就不能一笔写完了。

7. L。从T开始，先沿左边向下，每个字母的位置号加2即为下一个字母的位置号；从T开始，沿右边向下，每个字母的位置号减2，即为下一个字母的位置号。

8. U。每两个字母之间，都间隔3个字母。

9. 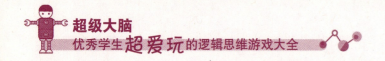。第1行递减2个值，第2行递增1个值。

10. Z。对角间隔4个字母。

11. K。从C开始，顺时针间隔一个字母。

12. （1）Q；（2）N；（3）U。此题并非考查字母间隔问题，而是把从A到Z的26个字母编上序号，每个字母代表其序号数，纵向3个字母的和相等，且恰好等于中间字母的序号。

13. 从左到右依次是Q、I、F、T。纵向依次间隔1、2、3、4个字母。

14. O。横向间隔3个字母，纵向间隔1个字母。

15. P。左上到右下依次间隔1个字母，图形中央字母恰好位于右上和左下字母的中间位置。

16. I、S。左边一列从上到下间隔2个字母，右边一列从上到下间隔3个字母。

17. J。图形中间字母的位置位于两对对角线的中间位置。

18. S。考查字母的间隔规律：第1行间隔两个字母，第2行间隔3个字母，第3行间隔4个字母。

19. R和G。第1行第1个字母为D，第2行第2个字母为E；第1行第2个字母为O，第2行第1个字母为P。由此，可观察出这种特殊的对应关系。再观察第4、5、6行，也是这种对应关系。因此，可以很容易推知，方框内缺失的字母是R和G。

20. Y和O。从中间的字母入手，外围的字母上、下、左、右分别间隔4、6、3、1个字母。

21.（1）E；（2）L。逆时针方向依次增加4个字母。

22.（1）B。从左到右，每列2个字母之间分别间隔2、4、6、8个字母。
（2）W。横行2个字母之间间隔5个字母。

23. L。设A = 1，B = 2，…，Z = 26，相互连接的3个数，边上的两个数的和除以3等于中间数字代表的字母。

24. L。第1行每两个字母之间间隔1个字母，第2行每两个字母之间间隔2个字母，第3行每2个字母之间间隔3个字母……以此类推。

25. P（Q也有可能，这取决于你怎么去写）。每个字母代表的数字是这个字母所拥有的端点数。例如：D是0，M是2，T是3，所以最后一个等式的答案是（4/2）+3-4=1。

26. R。C、A、M的正数序之和为17，E、R、A的正序和为24，二者之差为7。

27. G。字母之间的关系是：按字母表顺序，先向前移动5个字母，再退回3个字母，反复进行。

28. L。每行中心字母的位置号是左右两字母位置号的乘积。

29. K。每行中间数字等于左侧字母的正序值加上右侧字母的倒序值。

30. 8。从H开始，按顺时针方向用第一个单词在26个英文字母表中的位次数，减去第2个单词在字母表中的位次数，得数即为下一角的数字。

31. A图问号处为24，B图问号处为3。设Z=1，Y=2，…，A=26，将值代入，会发现对角的数字完全相同。

32. B。根据26个英文字母的位次顺序，图中每个字母的位次数是其对面扇形中数字的2/3。

33. 36。设A=1，B=2，…，Z = 26，代入发现字母的代号的平方是其对角线位置的数字。

34. 10。根据字母在英文字母表中的位次数。从E开始，加1、加2、加3、加4、加5，然后再加1……依次类推。当加到26（即Z）时，就再从1（即A）开始。从表格的左上角开始，按照顺时针方向，向内做螺旋形排列；符号的排列规律是2个加号，3个减号，2个除号，3个乘号。

35. 27。从左端下面A开始，图中字母按字母表顺序出现，但每次省略两个字母，图中字母代表省略的两个字母的位置号之和。当到达字母表末尾时，再次从头开始。

36. GC、73。中间框中的两位数中，十位上的数字表示前后两个框中的前一个字母在字母表中正序和倒序的位置号，个位上的数字表示前后两框中后一个字母在字母表中正序和倒序的位置号。

37.

A				A				A	C	D	B	A	C	D	B
	B				B	A			B	A		D	B	A	C
		C			D	C			D	C		B	D	C	A
			D					D	C	A	B	C	A	B	D

38.

		C		A	B
			B	C		A
	A			B		C
			C	A	B	
	B	A		C		

39.

B	D			C	A
A		C		B	D
C		D	A		B
	A	B	C	D	
	B		D	A	C
D	C	A	B		

40. S。根据26个英文字母的位次数，用上面的字母值与右面的字母值之和，减去下面的字母值与下面的字母值之和，得数即为中间的数字或者中间字母的数值。

41. K。每个图形中，字母按照字母表顺序顺时针方向移动，由左至右，第1个图形中字母每次分别前移3位、第2个图形中的字母每次前移4位，第3个图形中的字母每次前移2位。

42. C。从左上角开始按顺时针方向，每次间隔1个格子，数到最后即可得出结果。

43. D。从表格的左上角看起：A为第一个英文字母；斜线排列的A和F间隔4个字母；下一行成斜线的字母是B、C、D，不仅是在本行中接连出现，而且与隔行的A顺序上连贯；再下一行的B、G、K、P，分别间隔4个、3个、4个字母；再下一行又是接连出现，且隔行连贯出现……依此类推。

44. COPPER=16，ZINC=6。在每个与保险箱密码数字对应的单词中，辅音字母所代表的数值都是2，将这些数值之和与元音字母的数量相乘，得数便是与该单词相对应的圆圈内的密码。

45. 上下两个问号处分别是49和44。每个单词后面的数值都等于该单词第一个、中间和最后一个字母在字母表中的序号之和，所以S+K+S=11+19+19=49，Y+E+N=25+5+14=44。

第3章 图形逻辑

1. C。
2. C。
3. C。
4. B。
5. 8、6、0、2。

6.D。

7.
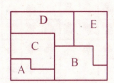

8.
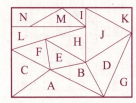

9.B。

10.C。

11.
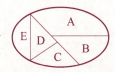

12.

13.C。

14.
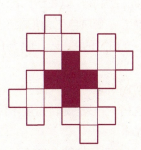

15.
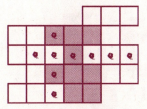

16.

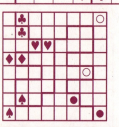

17.

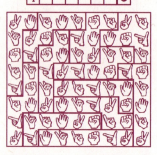

18.

19. B。它是其他图形的镜像,而其他的4个选项都是旋转角度不同的同一图形。

20. 答案不唯一,还有其他拼法。

21. D。4个选项是旋转角度不同的同一图形,但在D项中,三角形的方向错了。

22. D,它多了一个白色正方形,少了一个白色三角形。

23. J。其他选项都可以找到与之完全相同的图形,即A与I、B与M、C与F、D与H、E与G、K与O、L与N完全相同。

24. B。A与F相同,C与D相同,G与E相同。

25. B。它是其他图形的镜像,其他3个图形是旋转角度不同的同一图形。

26. B。只有这个选项不能折成立方体。

27. C。"不同"之处见图。其他5个选项是旋转角度不同的同一图形。

28.A。它是其他图形的镜像,其他3个图形是旋转角度不同的同一图形。

29.

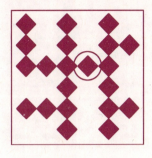

30.C,见图。B和D是A的镜像。

31.F。它是其他图形的镜像,其他图形是旋转角度不同的相同图形。

32.E。本选项内只包括两个白色小圆形,其他选项均有3个。

33.C。其他3个选项中间部分的图案,都是左上角和右下角两个小图案的叠加、放大。

34.A。这是一个依次以逆时针方向旋转90°的图形系列,在A图中,图中底部位置上的大齿轮和星星的位置换了位。

35.

36.

37.

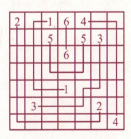

38.

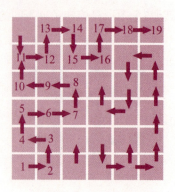

39.

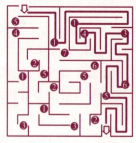

40. 有4种逛街路径，分别是：
(1) AEIMNJFBCDHGKLPO； (2) AEIMN JKGFBCDHLPO；
(3) ABFEIMNJKGC DHLPO； (4) ABCDHGFEIMNJKLPO。

41. 应填"箭头"向右的三角形。从大正方形的右上角开始，三角形按水平方向从右到左、从左到右交互移动。顺序依次是：空一个方格、旋转180°、顺时针旋转90°、空一个方格、顺时针旋转90°、旋转180°。

42. 图中两个问号处都应填入向右的箭头。图样规律是每行每列的4个箭头指向不同的方向。

43. 图形"H"与众不同。"A"与"I"、"B"与"D"、"C"与"E"、"F"与"G"互为旋转180°，但没有"H"旋转180°的图形。

44. D。规律是：每个三角形依次从黑变白，每次按逆时针方向增加一个三角形，增加的三角形先是黑色，然后再在黑白间变化。

45. G。从A到G，分别按照在身体上加2条线、减去1条线、加上3条线、减去2条线、加上4条线、减去3条线的规律增减图案。

46. F。从A到B，从C到F，圆形和正方形互换，与此同时，最大图形内的图案消失。

47. G。A与B、C与G之间，上面和下面的图形互换位置，中间较小的图形变得更小，并与其他图形一起放进中间较大的图形中。

48. 见图。4行鱼由左至右，由上至下，变化的规律为：加2个鳞片，加3个鳞片，减1个鳞片；当鳞片为双数时，鱼头朝向另一边。

49.E。图形的排列按逆时针方向旋转90°；弧线和长直线保持不变；短线条的数目在1~2之间变动；三角形与圆形的变动规律是——空心三角形变成实心圆形，实心三角形变成空心圆形；空心圆形变成空心三角形，实心圆形变成实心三角形。

50.B。图形序列从左到右按以下规律排列：一个实心黑圆变成4个空心圆，两个空心圆变成一个实心黑圆，按此顺序形成的一串圆圈同时按顺时针方向旋转72°。

51.E。在图形序列中，由左至右，图形的变化规律为：加两个圆和两条直线，去除一个圆和一条直线，同时图形按逆时针方向旋转90°。

52.B。独立的黑色六边形总是和其他三个"相连"的黑色六边形隔着一个灰色六边形；三个"相连"的黑色六边形按顺时针方向依次出现在左上角、正中央上、右上角等位置上。

53.这6种墙纸样品可以按图案中黑色垂直线的数目进行排列。A没有垂直线，E只有1根垂直线，接下来为C、D、B、F，它们分别有2根、3根、4根、5根垂直线。

54.

先将整个图分成4部分：

然后根据对角线图形的正反情况、实心和空心交替出现的规律，即可得出答案。

55.

56.只需将右上角正方形的3条边分别移动到上中下3个空缺处即可（如图）。

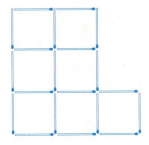

57.移动3根火柴后可组成如下图形，代表英文单词"MOON"。

58.3。将第1行花饰的数目所组成的数字减去第2行花饰的数目所组成的数字，得出第3行

的数目所组成的数字。5 767–4 574=1 193。

59.27平方米,如图所示。

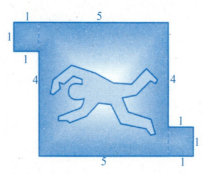

第4章 统筹逻辑

1. 1分钟后。这时A跑完2圈,B跑完3圈,C跑完4圈,3匹马正好再一次在起跑线上处于并排状态。

2. E和两人握过手。在纸上画5个点,分别在各点旁边标注字母A、B、C、D、E,表示这5位朋友。哪两位朋友互相握过手,就在相应的两点之间连一条线。A和4个人握了手,所以A点和另外4点各有一条线相连。

D和1个人握了手,所以从D点只有一条线引出。现在已经有了D和A的连线,所以D点和其他3点都没有线相连。

B和3个人握了手,所以有3条线从B点连出来。B和D没有线相连,所以从B点引出的3条线分别通向A、C、E。

C和2个人握了手,所以从C点共有2条线引出来。已经有了从C到A和从C到B的线,所以C点没有其他线通过了。

最后得到的图形,如图所示。图中从E点共有2条线引出,分别通向A和B。所以E和两个人握过手,这两个人是A和B。

这个问题也可以用说理的办法或者列表的办法解答,不过画图的办法更简明。

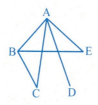

3. 张三和李四相遇于1月17日。根据(1a)和(2a),李四第1次去健身俱乐部的日子必定是以下二者之一:①张三第1次去健身俱乐部那天的第2天。②张三第1次去健身俱乐部那天前6天。如果①是实际情况,那么根据(1b)和(2b),张三和李四第2次去健身俱乐部便是在同一天,而且在20天后又是同一天去健身俱乐部。根据(3),他们再次都去健身俱乐部的那天必须是在二月份。可是,张三和李四第1次去健身俱乐部的日子最晚也只能分别是一月份的第6天和第7天；在这种情况下，他们在一月份必定有两次是同一天去健身俱乐部：1月11日和1月31日。因此①不是实际情况，而②是实际情况。在情况②下，一月份的第1个星期二不能迟于1月1日，否则随后的那个星期一将是一月份的第2个星期一。因此，李四是1月1日开始去健身俱乐部的，而张三是1月7日开始去的。于是根据（1b）和（2b），他二人在一月份去健身俱乐部的日期分别为：李四：1日，5日，9日，13日，17日，21日，25日，29日；张三：7日，12日，17日，22日，27日。因此，根据（3），张三和李四相遇于1月17日。

4．一人理发时，其他人需等待，为使总的等待时间尽量短，应让理发所需时间少的人先理。甲先给需10分钟的人理发，然后15分钟的，最后24分钟的；乙先给需12分钟的人理发，然后20分钟的。甲给需10分钟的人理发时，有2人等待，占用3人的时间和为（10×3）分钟；然后，甲给需15分钟的人理发，有1人等待，占用两人的时间和为（15×2）分钟；最后，甲给需24分钟的人理发，无人等待。甲理发的3个人，共用（10×3+15×2+24）分钟，乙理发的两个人，共用（12×2+20）分钟。总的占用时间为（10×3+15×2+24）+（12×2+20）=128（分钟）。按照上面的安排，从第一人开始理发到5个人全部理完，用了10+15+24=49（分钟）。如果题目中再要求从第一人开始理发到5人全部理完的时间最短，那么做个调整，甲依次给需10分钟、12分钟、20分钟的人理发，乙依次给需15分钟、24分钟的人理发，总的占用时间仍是128分钟，而5人全部理完所用时间为10+12+20=42（分钟）。

5．管路的最短长度是520米。将ABHGIEF连接起来，再接上CI及DI两管路。

6．清洁工人不可能清扫完所有的路径而没有任何一条路段重复。最短的路径是1 560米（其中1 330米是清扫路径，230米是重复经过的路径），欲走完所有路径必须重复经过AB、HG及IF。下面为最短路径的一个例子：HBCDHIDEFIFGHGABAH，本题的数学分析基础在于该路径所形成的网路中奇结点和偶结点的分布情况。

7．如图（b）所示，将各段需运输的次数（括号内的数）及运输走向（箭头指向）标在图上。由于C到A的次数最多，所以应从C开始。按C→A→B→C的顺序运输，两次循环后，B地的钢材运完，C地还有8吨粮食待运，A地还有4吨煤待运。再从C运4吨粮食到A，然后空驶回C地，再从C运4吨粮食到A，最后从A运4吨煤到B。这样的安排只空驶了7千米，空驶里程最短。

8．北京、上海到西安的运费都比到武汉的高，没有出现一高一低的情况。此时，可以通过比较运输中的差价大小来决定最佳方案。表中第1行的差价为600−500=100（元），第2行的差价为1 000−700=300（元）。说明从北京给西安多发1台机器要多付运费100元，而从上海给西安多发1台机器要多付运费300元。所以应尽量把北京的产品运往西安，而西安只要5台，于是可知北京调往西安5台，其余5台调往武汉，上海6台全部调往武汉，总运费为：600×5+500×5+700×6=9 700（元）。如果改为看表中的列，那么由于第1列的差价为700−500=200（元），第2列的差价为1 000−600=400（元），所以武汉需要的机器应尽量从上海调运，而上海只有6台，不足的部分由北京调运。这个结论同前面得到的相同。

9．在长度相同的情况下，每根粗管的费用大于2根细管的费用，小于3根细管的费用，所以安装管道时，只要后面需要供气的居民区多于2个，这一段就应选用粗管。从天然气站开始，分成顺时针与逆时针两条线路安装，因为每条线路的后面至多有两个居民区由细管通达，共有7个居民区，所以至少有3个居民区由粗管通达。因为长度相同时，2根或1根细管的费用都低于1根粗管的费用，所以由粗管通达的几个居民区的距离越短越好，而顺时针与逆时针两条线路未衔接部分的距离越长越好。经过计算比较，得到最佳方案：

（1）天然气站经G、F、E到D安装粗管，D到C安装2根细管，C到B安装1根细管；

（2）天然气站到A安装1根细管。此时总费用最少，为8 000×（3+12+8+6）+3 000×2×5+3 000×（9+10）=319 000（元）。

10.可以拼接为3支蜡烛来使用。具体办法是：先用7支蜡烛头可拼接2支，剩下1支蜡烛头，当拼接的2支蜡烛点完后，再与剩下的那个蜡烛头拼接为第3支蜡烛。

11.一个鸭蛋3角钱。第1天找回的钞票面额是5角和2角；第2天找回的钞票面额是两张2角；第3天找回的钞票面额是两张5分。

12.10张9元币，2张1元币及3元币。为尽可能少地准备货币，应多取"9元币"。要支付100元，应当取"9元币"11张，同时考虑到还要用上小面额的货币，所以9元币只需取10张就够了。为了支付1元、2元，必须取2张"1元币"；为了支付3元、4元，应再加1张"3元币"，最后加上一张"5元币"，就可以随意支付5元到10元的各种情况了。因此，本题的答案是至少准备10张9元币，2张1元币及3元。

13.6种。本题是分步进行一项工作，每步有若干种选择，求不同安排的种数（有一步差异即为不同的安排）。这类问题简单一些的可用乘法原理与加法原理来计算，而本题中由于限定条件较多，很难列出算式计算。但是，我们可以根据实际的安排，对每一步可能的选择画出一个树枝状的图，非常直观地得到结果。这样的图不妨称为"枚举树"。

```
第一天              语
                   ╱ ╲
第二天            数     外
                 ╱ ╲   ╱ ╲
第三天         语    外 语   数
                    │  ╱ ╲  │
第四天       数   外 数   外 外
             │    │  │    │  │
第五天       语   语 语   语 语
```

由上图可知，共有6种不同的安排。

14.27车次大卡车和1车次小卡车，需耗油275升。依题意，大卡车每吨耗油量为10÷5=2（升）；小卡车每吨耗油量为5÷2=2.5（升）。为了节省汽油应尽量选派大卡车运货，又由于137=5×27+2，因此，最优调运方案是：选派27车次大卡车及1车次小卡车即可将货物全部运完，且这时耗油量最少，只需用油10×27+5×1=275（升）。

15.25小时。

因为没有3个不同行也不同列的0，我们用右下角的1代替0，此时，○内的3个数就是我们要找的最佳方案，即甲做B、乙做A、丙做C。所需总时间为9＋7＋9＝25（小时）。

16. D仓库。最简单的方法是逐个计算集中到各个仓库所需的运费，然后加以比较。但这种方法计算烦琐，我们只需比较各点的优劣。例如，比较集中到C和集中到D的优劣。

     A B C D E
    10吨 30吨 20吨 10吨 60吨

如上图所示，从右向左运的货物，如果集中到D，那么只有E仓库的60吨运到D；如果集中到C，那么等于E仓库的60吨运到D，再将D仓库的10吨及E仓库运来的60吨一起运到C。所以运到C仓库比运到D仓库多（60＋10）×10＝700（吨·千米）。

同理，从左向右运的货物，运到C仓库比运到D仓库少（10＋30＋20）×10＝600（吨·千米）。

两相比较，集中到D比集中到C好。

经过对各点的比较，货物集中到D仓库运费最少，运费为：

（10×30＋30×20＋20×10＋60×10）×0.9＝1 530（元）

17. 23这个数，用2、3、8都不能整除，如果按规定的份额分马，就要分出小数点匹马来。但是，如果有24匹马不就好分了吗？聪明的阿凡提先是很高姿态地把自己的马贡献出来了，23＋1＝24，24×1/2＝12，24×1/3＝8，24×1/8＝3。12＋8＋3＝23。然后，阿凡提再把自己的马牵走，牧场的3个人也各得其所了。

18. 先装满13斤的容器，从中倒满5斤的容器后余下即为8斤，将它倒入11斤的容器中，而把5斤容器中的油倒回大容器；再从大容器中取油装满13斤的容器，倒出5斤后剩下8斤；5斤容器中的油倒回大容器，则大容器中的油也是8斤。

19. 每人3个满的，1个半瓶的，3个空瓶。把7个半瓶中的2个倒入另外2个半瓶中。最终，每人3个满的，1个半瓶的，3个空瓶。

20. 将3个容器依其容量简记为8、5、3。

  由8倒满5。由5倒满3，5中还留有2加仑酒。将3倒入8。

  由5倒入2加仑酒入3。由8倒满5。

  由5倒入3，直到3满，此时5中还留有4加仑酒。

  将3倒入8，这样8中也有4加仑酒。

21. 海伦原有的唱片数是个奇数，从成奇数的唱片中取一半再加上半张唱片，一定是个整数。因为海伦在把唱片送给乔以后只剩下了一张唱片，所以，可以推知在她把唱片送给乔之前，有3张唱片。3张的一半是1.5张，再加上半张，她送给乔的唱片一定是两张，自己还留下了一张完整的唱片。现在再回过头来计算，就不难算出她原来有7张唱片，送给苏席的是4张。

22. 保罗分未开封的酒2瓶，只剩一半威士忌的酒3瓶，空瓶2瓶；劳伦斯分未开封的酒2瓶，只剩一半的威士忌酒3瓶，空瓶2瓶；辛格分未开封的酒3瓶，只剩一半威士忌的酒1瓶，空瓶3瓶。

23.第1次将3两的容器装满倒入7两的容器内;第2次仍将3两的容器装满倒入7两的容器内;第3次还是将3两的容器装满倒一两在7两容器内。此时,3两容器内剩下2两酒。第4次将此2两酒倒入购买者的瓶内;第5次将3两的容器内装满倒入购买者的瓶内,如此,购买者5两的瓶便装满了。

24.第1次用天平把140千克分成两个70千克;第2次把其中一个70千克分成两个35千克;第3次把其中一个35千克分成15千克和20千克(利用两个砝码,使天平一边是7千克的砝码加上15千克的盐共22千克,另一边是2千克的砝码和20千克的盐共22千克)。然后把未分的70千克盐和最后一次分出的20千克盐加在一起就是90千克,剩余的盐全加在一起是50千克。

25.11－7=4(11两勺舀满,倒入7两勺直到满,则11两勺内剩4两,7两勺清空,把11两勺内剩的4两倒入7两勺内,则7两勺内少3两);11－3=8(11两勺内装满,倒入装有4两的7两勺内,则11两勺内剩8两,清空7两勺);8－7=1(把11两勺内剩的8两酒倒入7两勺内直到满,则11两勺内剩1两,清空7两勺,把11两勺内剩的1两酒倒入7两勺内);11－6=5(11两勺内装满,倒入装有1两酒的7两勺内直到满,则11两勺内剩5两,清空7两勺,把11两勺内剩的5两酒倒入7两勺);11－2=9(11两勺装满,倒入装有5两酒的7两勺内直到满,则11两勺内剩9两);9－7=2(清空7两勺,用11两勺内剩的9两酒把7两勺装满,则11两勺内剩2两酒,可以拿出去卖了)。

26.可以先算,再分。一共有7+1/2×7=21/2壶油,平均每份21/2÷3=7/2壶油,21÷3=7个壶。分法如下:

	第一种分法			第二种分法		
整壶	2	3	2	1	3	3
半壶	3	1	3	5	1	1
空壶	2	3	2	1	3	3

27.牛奶要翻倒7次,每次情况见下表:

	4升罐	1.5升罐	2.5升罐
第1次		1.5	2.5
第2次		1.5	1
第3次	3		1
第4次	3	1	
第5次	0.5	1	2.5
第6次	0.5	1.5	2
第7次	2		2

28.首先,B、C往后退(向右),A进入河湾。然后D、E、F沿着河道前进,与A擦身而过后,A从河湾出来,继续前进(向左)。接下来,D、E、F再回到原来位置,让B如A那般通过,再让C也按同样的方式过去,最后双方继续航行。

29.两个孩子先过去,留一个,另一个回来。留下孩子,大人过河。到对岸,让过了河的孩子再回去,最后两个孩子一起过河。

30.需要6次。(1)一牛一虎过河,一牛返;(2)二虎过河,一虎返;(3)二牛过河,一牛一虎返;(4)二牛过河,一虎返;(5)二虎过河,一虎返;(6)二虎过河。

31. 让这两个孩子先过河，一个孩子留在对岸，另一个把船再划回来。这时让一个远足者划船过河，由在河对岸的那个孩子把船划回来，然后两个孩子再一起过河。不断重复前面这个过程，直到最后一个远足者也被送到河对岸去为止。

32. A、B、C代表猪妈妈，a、b、c代表猪宝宝。a、b过河，a回对岸。a、c过河，a回对岸。（此时b、c已过河）B、C过河，B、b回去。A、a过河，C、c回去。（此时过河的为A、a）B、C过河，a回去。（3只大猪已过河，问题解决）a再来回4次，接另外两只小猪过河即可。

33. 第1步：猎人与狼先乘船过去，放下狼，回来后再接女人的一个孩子过去。

    第2步：放下孩子将狼带回来，然后一同下船。

    第3步：女人与她的另外一个孩子乘船过去，放下孩子，女人再回来接男人；

    第4步：男人和女人同时过去，然后男人再放下女人，男人回来下船，猎人与狼再上去。

    第5步：猎人与狼同时下船，然后，女人再上船。

    第6步：女人过去接男人，男人划过去放下女人，回去接自己的一个孩子。

    第7步：男人放下自己的一个孩子，把女人带上，划回去，放下女人，再带着自己的另外一个孩子。

    第8步：男人再回来接女人。

34. A B → 2

    A ← 1

    C D → 8

    B ← 2

    A B → 2

    一共是2+1+8+2+2=15分钟。这个办法的聪明之处在于让两个走得最慢的人同时过桥，这样花去的时间只是走得最慢的那个人花的时间，而走得次慢的那位就不用另花时间过桥了。可以把所有可能的方案都列举一遍，就会发现这是最快的方案了。

35. 抽完了那27支香烟，帕费姆夫人把烟蒂接成9支接着抽。这9支香烟的烟蒂又可以接成3支。最后的3个烟蒂，她还可以接成了最后一支香烟。总共抽了40支香烟。

36. 白马先行，移动步骤如下：9→2；7→6；1→8；2→7；3→4；6→1；8→3；7→6；4→9；1→8；3→4；6→1；9→2；8→3；4→9；2→7。

37. 必须搬10次：A到急诊病房，C到4号，D到2号，B到1号，A到3号，C到急诊病房，D到4号，B到2号，A到1号，C到3号。

38. 经过17步后即可完成对调，步骤如下：

    床　冰箱　桌子　床　写字台　沙发　床　桌子　冰箱　写字台　桌子　床　沙发　桌子　写字台　冰箱　床

39.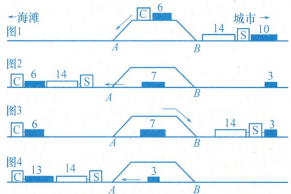

如图1所示，从城市开出的火车C先解开10节车厢，然后拖着6节车厢驶进便道；从海滩开出的火车S则停在支线上，再推向右侧而抵住前面的10节车厢。

在图2中，原本停在便道上的火车C带着6节车厢开到支线上，随后火车S另外拖着7节车厢向左行驶，到A、B两点中间时将该7节车厢留下，原车再依原方向继续行驶离开交会点。

在图3中，火车S绕过便道而与剩下的3节车厢连接。

图4的程序是火车S沿着支线驶向海滩，将位于中央的7节车厢一起推向火车C，当通过A、B两点中间时将该3节车厢脱开，这样问题就简单多了。

S只需沿着便道驶向城市，C则反向驶回，与原来的3节车厢连接而完成交会过程。

40. 每天10根。从每天吸3根烟的第3周开始算，由于那周他戒了50%，则第2周每天吸6根；这时还未戒掉第1周烟量的25%，所以，第1周他每天吸8根；那么，之前的1个星期，由于还未戒掉烟量的20%，则他每天吸10根。

41. 丈夫用5星期可以把半桶白兰地喝光，这时妻子喝了5/12桶的葡萄酒，剩下的1/12桶葡萄酒两个人共需要5天才能喝完，所以一共需要40天。

42. 由已知事实可得出下面的结论，杰克吃瘦肉的速度为10星期吃一桶，因此他将用5星期吃完半桶。在这段时间内，他老婆（吃肥肉的速度为12星期吃一桶）将吃掉5/12桶肥肉，这就留下1/12桶肥肉让他们夫妻合吃，其速度为60天吃完一桶。因而他们将用5天时间把肥肉通通吃光，于是总时间为35天再加上5天，即一共需要40天。

43. 管家和狗过，管家回；管家和儿子1过，管家和狗回；爸爸和儿子2过，爸爸回；爸爸和妈妈过，妈妈回；管家和狗过，爸爸回；爸爸和女儿1过，妈妈回；妈妈和女儿2过，管家回；管家和狗过。

44. 26分钟所花的总时间是指这4人各自所用时间与等待时间的总和，由于各自用水时间是固定的，所以只能想办法减少等待的时间，即应该安排用水时间少的人先用。应按丙、乙、甲、丁顺序用水。丙等待时间为0，用水时间1分钟，总计1分钟；乙等待时间为丙用水时间1分钟，乙用水时间2分钟，总计3分钟；甲等待时间为丙和乙用水时间3分钟，甲用水时间3分钟，总计6分钟；丁等待时间为丙、乙和甲用水时间共6分钟，丁用水时间10分钟，总计16分钟。总时间为1 + 3 + 6 + 16 = 26分钟。

45. 用这条救生艇最多可以营救13人，必须采取其他营救措施。到达岛上要4分钟的话，来回就要花8分钟。先让5个人乘救生艇上岛，因为必须有一个人要把救生艇划回来，所以只有4个人到达岛上避难（花8分钟，4人获救）。然后再载5个人到岛上，一个人再驾救生艇回来（16分钟，8人获救），当救生艇再载5个人离开后，就没有时间再回来接人了，当救生艇到达岛上时，那艘轮船已经沉了。所以如果只用这一条救生艇，最多能有13人安全脱险，必须采取其他营救措施。

46.（1）先把牛奶倒满A、B两只杯子，把可可倒满C杯子；（2）把C杯子里的可可倒入牛奶瓶里，再将可可倒满C杯子；（3）把A杯子里的牛奶倒入可可瓶里，这时候两个瓶里都是混合饮料了。然后将一个瓶的混合饮料倒满另一个瓶，不满的瓶正好还可装剩下的一杯牛奶和一杯可可。

47.2 053.13元。分4次将全部240斤水运到15千米处，耗水105斤，就地留下15斤水供返程用；将余下120斤水分2次运到22.5千米处，耗水22.5斤，就地留下7.5斤水供返程用，卖出30斤水，获675元；将60斤水运到26.25千米处，耗水3.75斤，卖出52.5斤水，获1 378.13元。共获2 053.13元。

48.因为（18＋30＋17＋25＋20）÷2=55（分钟），经过组合，一人修需18分钟、17分钟和20分钟的3台，另一人修需30分钟和25分钟的两台，修复时间最短，为55分钟。上面只考虑修复时间，没考虑经济损失，要使经济损失少，就要使总停产时间尽量短，显然应先修理修复时间短的。第一人按需17分钟、18分钟、20分钟的顺序修理，第2人按需25分钟、30分钟的顺序修理，经济损失为5×［（17×3＋18×2＋20）＋（25×2＋30）］=935（元）。

49.如果你从1美分开始不断地加倍，最初，数量增长得还算缓慢，但随后越来越快，不久便大幅度地猛增。似乎难以令人相信，如果这位上了他儿子当的爸爸要信守协议，他给阿尔的钱将超过一千万美元！

日期	当天给的美分	美分	总和
1	1		1
2	2		3
3	4		7
4	8		15
……			

通过列表，我们可以发现，在5月30日那一天，爸爸付的钱是5 368 709.12美元，5月31日，即5月的最后一天，爸爸给的钱是10 737 418.24美元，已经超过1 000万美元了！而爸爸总共付出的钱是这个数字的两倍再减去一美分，即21 474 836.47美元！

50.46千米。选择最短的路线最合理。那么，什么路线最短呢？一笔画路线应该是最短的。邮递员从邮局出发，还要回到邮局，按一笔画问题，就是从偶点出发，回到偶点。因此，要能一笔把路线画出来，必须途径的各点全是偶点。但是图中有8个奇点，显然邮递员要走遍所有街道而又不走重复的路是不可能的。要使邮递员从邮局出发，仍回到邮局，必须使8个奇点都变成偶点，就是要考虑应在哪些街道上重复走，也就是相当于在图上添哪些线段，能使奇点变成偶点。如果有不同的添法，就还要考虑哪一种添法能使总路程最短。为使8个奇点变成偶点，我们可以用下图的4种方法走重复的路线。

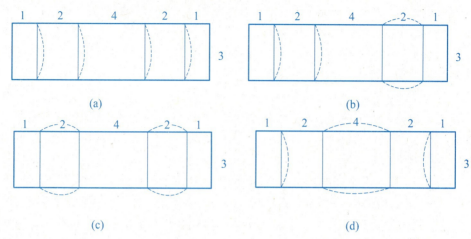

图中添虚线的地方，就是重复走的路线。重复走的路程分别为：

$3×4=12$（千米）

$3×2+2×2=10$（千米）

$2×4=8$（千米）

$3×2+4×2=14$（千米）

当然，重复走的路程最短，总路程就最短。从上面的计算不难找出最合理的路线了。

邮递员应按图（c）所示的路线走，这条路重复的路程最短，所以最合理。全程为：

（$1+2+4+2+1$）$×2+3×6+2×4=20+18+8=46$（千米）

51.本题中实际隐含着加油时间忽略不计这个条件。可以把起点看作0，半圈看作"1"，一圈看作"2"，至少用4架飞机。可把4架飞机标号为1、2、3、4号。先1、2、3共3架同时起飞，1号飞到1/4处把1/2油分别给2、3号加满，返回；2号飞到1/2处，把1/4油给3号加满，留1/2油自己返回；3号油箱满，可飞到1又1/2处，油箱空。在3号飞机到达全程一半处，1号、2号已返回机场，再与4号同时起飞反方向去接3号飞机。4号飞到1又1/4处把1/2油分加给1、2号，1、2号飞行至1又1/2处正好接到3号，各加给3号1/4油后，1、2、3号同时返回。这样，3号飞机绕地球一圈。

第5章　幽默逻辑

1.小刚说："老爷爷，这房子我租了。我没有孩子，我只带来两个大人。"

2.上面写着："欢迎归来，你这个笨蛋！"

3.因为猪肉价涨了。

4.莫里哀说："因为照应妻子比治理国家还难。"

5.朗宁坦然答道："根据当地饮食习惯，你们是喝牛奶长大的，你们身上一定有牛的血统。"

6."我看到你们每个人都买了两三个座位的票。"

7.因为这样老百姓去他的塑像前吐唾沫就方便了。

8. "我也能。"

9. 聪聪说:"是少了一元,不过少一些,您数起来不是更方便吗?"

10. 承包商说:"那你就能得到两条隧道!"

11. 珍妮说:"那只能等生米煮成熟饭时了。"

12. 那个新兵胆怯地说:"都向右看了,我怕敌人会从左边上来。"

13. 乙说:"我在想,可惜你和你爸爸没有同时被送上断头台。"

14. 他吼道:"我付账的时候,每个人也该付账了!"

15. 照片下方写着:"这就是我欠债的原因。"

16. 农夫又说:"哦,我明白了,原来你的爹爹多得数不清,还要用算盘来算!"

17. 这个女学生说:"老师,他应该横渡四次,因为他的衣服还在河这边呀!"

18. 张三假装同情地对地主说:"是吗?我如果有部这么慢的老爷车就好了,我就敢开车了。"

19. 英国人说:"你父亲真是伟大极了!"

20. 大臣说:"陛下,我之所以说您是第四个傻瓜,是因为您让我找四个傻瓜,而不是找四个聪明人。傻瓜对治理国家一点没有用处,所以您也是一个傻瓜。"国王听了,十分羞愧,承认自己是一个傻瓜,做了蠢事。

21. 尼克的回答:"上面是单数,下面是复数。"

22. 杀猪人说:"我讲你的头刚好6斤4两重,不信割下来称,多一点少一点都算我输。"头怎么能割下来称呢?辩驳先生只得认输。

23. 老爷爷说:"你把19、20和21加起来看看,到底是多少岁呀?你上当了!"

24. 这是一首以谜面成诗的讽刺话。说的十七、十八、二十五,加起来变成六十岁的人,是说太老了;坛中水豆腐是霉了,哪还看得;三月的萝卜筋多,要不得了;叶里梅花,是快成梅子的,指一副酸相。

25. 辣嫂数给知县大人听:两盘韭菜,二九一十八,加上笋干一盘,辣椒一盘,正好二十盘菜,这些都是山珍野味。

26. 上联缺"六",下联缺"九",谐缺肉缺酒。横额五字,组合起来为"吝啬"两字。难怪前来贺寿的绅士名流无不窃笑。

27. "凤"字分开是"凡鸟"二字,吕安是借这个字来讽刺嵇喜庸俗无能。

28. 这是一副哑联。苏东坡上联的意思是:狗啃河上(和尚)骨;佛印下联的意思是:水流东坡尸(东坡诗)。

29. 县令说:"这四句话是隐语,乃'一夥(伙)滑吏'四字,岂不是在嘲笑我们。"吏员们个个苦笑,但又无可奈何。

30. 王冕说:"老爷,这'马'踏'扁'了钱箱,就是马和扁合成一个'骗'字,财主总想骗人!"

31. 花轿一到,司仪叫了半天,新娘也不下轿。县官掀开轿帘,上前一把揭开新娘的花盖,大惊:原来是穿着花衣裳的泥胎女菩萨。县官大怒,庞振坤却笑道:"请看,她不是'樱桃小口杏核眼,月牙眉毛天仙脸,不讲吃喝不讲穿,四门不出少闲言'吗?"说得县官无话可说。

32. 这是个谐音谜："好个干白船（甘百川），两狮（司）都咬（要）钱；五道冠（官）不正，一竿（甘）青（清）不全。"

33. "竹苞"拆分开就是"个个草包"。纪晓岚是在讽刺和珅的儿子们胸无点墨、不学无术。

34. 梁启超解释说：这第一名称为"放狗屁"，表明放屁者仍是人，"不过偶放一狗屁耳"；第二名"狗放屁"，表明放屁者是狗也，不过虽然是狗，这狗毕竟还有其他功能，"不过偶放一屁耳"；这第三名更等而下之，因为放屁者不但是狗，而且这狗"舍放屁外，无他长技矣"，因此称为"放屁狗"。

35. 袁世凯对不住中国人民。

36. 吴佩孚在申请书上批到：先种树再说吧！

37. "肚先生"不同意的意思是：大家都在延安，不到各地参加工作，人浮于事，吃饭就会成问题。

38. 老师加的一行字是："一位美国朋友的梦想。"

39. 你帽子下边那玩意儿是什么？能算是脑袋吗？

40. 他突然中止演奏，然后不失礼貌地对沙皇说："陛下说话的时候，我应该保持静穆才对。"

41. 海涅不动声色地回答："如果现在你和我到这个小岛上走一趟的话，就可以弥补这个缺陷了！"

42. 他说："先救未来的妈妈。"这句话可以有两种理解，对菲丽母亲说，是杰克未来的妈妈；对菲丽来说，未来结婚后有了孩子，当然自己就是未来的妈妈。

43. 年轻人回信中写道："大仲马先生：您怎么如此胆大包天，竟然把我比作马！"

44. 莫泊桑回答道："至少能给那些对文学一无所知的人一样赞美我的东西。"

45. 狄更斯连忙反问："您知道我是谁吗？我是一名作家，虚构故事是作家的事业，所以，不能罚我的款！"

46. 毕加索说："因为自称三十岁的女子通常已经四十岁了。"

47. 爱因斯坦说："好让我把所有的错误都扔进去呀。"

48. 威尔逊说："这位先生，请少安勿躁，我马上就要讲到你提出的关于环保的问题了。"

49. 丘吉尔说："我也想提醒尊敬的演讲者注意，我只是在摇我自己的头。"

50. 丘吉尔说："总统先生，我这个英国首相在您面前可真没有一点隐瞒。"说完，两人哈哈大笑。

51. 维辛斯基不慌不忙地从座位上站了起来，走向讲台。这时会场气氛紧张，大家都认为他一定会发表长篇大论进行一番批驳。然而，完全出乎人们的意料，他十分平静地扫视对方一眼，然后含笑着说了一句话："我能代表工人阶级，因为我们两人都当了叛徒。"开始会场鸦雀无声，待大家理解了这句话的深刻含义，顷刻间全场爆发出敬佩的掌声。

52. 编辑回答说："亲爱的女士，早晨我吃鸡蛋时，发现一个坏蛋，难道我非得把它全部吃掉才知道这个蛋是坏的吗？"

53.附言说："我对诗向来是不在乎的，下次请你只寄些标点来，诗由我填写好了。"

54.乙笑着说："原来你结婚了，那你的读者当然增加一倍啦。"

55.作家说："是吗，那我真心祝愿他的脚早点好，因为我很想看看他到底是用哪条腿签字的！"

56.作家说："这有什么不好，如果我用的皮箱很出名，而我却很普通，那不更糟？"

57.这句话是："凡向鳄鱼池内投掷物品者，必须自己捡回！"

58.你可以说："一条狗100元，两条狗要200元。"

59.丈夫说："他妻子想看电影，但他觉得很累，于是他打电话给电影院。他妻子肯定在旁边盯着他，但她听不到你的声音。这样，今晚他们就可以待在家里，那个男人一定很高兴！"

60.小个子说，他是税务局的。

61.使者回答说："跟贵国一样，每人死一次。"

62.大校说："你们这些小鬼要同我比高低？比，我不怕，但必须是躺着比！"引得大家哄堂大笑。因为他又矮又胖，自然躺下就高，有谁敢同他去这样比高低呢！

第6章 逻辑探案

1.德国人养鱼。

首先确定房子颜色——红、黄、绿、白、蓝表示为：C12345；

国籍——英、瑞、丹、挪、德表示为：N12345；

饮料——茶、咖、奶、酒、水表示为：D12345；

烟——PM、DH、BM、PR、混表示为：T12345；

宠物——狗、鸟、马、猫、鱼表示为：P12345；

由（9）可知N1=挪威。

由（14）可知C2=蓝。

由（4）可知，如C3=绿，C4=白，则绿房子居中，因而（8）和（5）矛盾，所以C4=绿，C5=白。

剩下红黄只能为C1、C3。

由（1）可知C3=红，N3=英国，C1=黄；由（8）可知D3=牛奶；由（5）可知D4=咖啡；

由（7）可知T1=DH；由（11）可知P2=马。

那么：

挪威	?	英国	?	?
黄	蓝	红	绿	白
?	?	牛奶	咖啡	?
DH	?	?	?	?
?	马	?	?	?

由（12）可知啤酒只能为D2或D5，BM只能为T2（或由T5可知D1=矿泉水）。

由（3）可知茶只能为D2或D5，丹麦只能为N2或N5。

179

由（15）可知T2=混合烟，BM=T5。

所以剩下啤酒=D5，茶=T2，丹麦=D2。

然后：

挪威	丹麦	英国	?	?
黄	蓝	红	绿	白
矿泉水	茶	牛奶	咖啡	啤酒
DH	混合烟	?	?	BM
?	马	?	?	?

由（13）可知德国=N4，PR=T4，所以，瑞典=N5，PM=T3。

由（2）可知狗=P5，由（6）可知鸟=P3，由（10）可知猫=P1。

得到：

第一间	第二间	第三间	第四间	第五间
黄色	蓝色	红色	绿色	白色
挪威	丹麦	英国	德国	瑞典
Dunhill	Blends	PallMall	Prince	BlueMaster
矿泉水	茶	牛奶	咖啡	啤酒
猫	马	鸟	鱼	狗

爱因斯坦出这道题目并不是为了得出答案，而是要一种思维过程和不同的思维方法。他说过：他不会只找到一个绣花针就不找了，他要找到再也找不到绣花针为止。

2.C犯了盗窃罪。（1）如果B是清白的，则根据事实1，A和C是有罪的；

（2）如果B是有罪的，则他必须有个帮凶，因为他不会驾车；再次证实A和C有罪；

（3）因而，第一种可能是A和C有罪；第二种可能是C清白，A有罪；第三种可能是A清白，C有罪，则根据事实2，A同样有罪。

结论：A犯了盗窃罪。

3.在这个案子里，张三肯定是有罪的。

可以这样来分析判断——如果李四无罪，那么，罪犯就或是张三，或是王五。假如张三就是罪犯，那他当然有罪。而假如王五是罪犯，那他一定是和张三共同作案的（因为他不伙同张三是决不作案的）。所以，在李四无罪的情况下，张三是有罪的。

如果李四有罪，那么他必定要伙同一个人去作案（因为他不会开汽车）。他或者伙同张三，或者伙同王五。如果伙同张三，那么张三当然有罪。如果伙同王五，那么张三还是有罪，因为王五只有伙同张三才会作案。

或者李四无罪，或者李四有罪，总之，张三是有罪的。

4.（1）假设一甘是绝对不说谎话的嫌疑犯之一，则他所说的话都是真话。也就因此，二静是嫌疑犯，五玛也是嫌疑犯。但如此一来，便有三个嫌疑犯与题目不合。所以，一甘不是嫌疑犯。

（2）假设五玛是绝对不说谎话的嫌疑犯之一，则他所说的话都是真的。也就因此，二静不是嫌疑犯，三心也不是嫌疑犯。如此，再加上由（1）所推知的：一甘也不是嫌疑犯，一共已有三位不是嫌疑犯。因而，剩下的四忆便应该是不说谎话的嫌疑犯。然而，四忆所说的话"五玛说谎"，又与本假设自相矛盾。所以，五玛不是嫌疑犯。

（3）假设三心是绝对不说谎话的嫌疑犯之一，则四忆不是嫌疑犯。如此，再加上由（1）、（2）所推知的：一甘、五玛都不是嫌疑犯，一共已有三位不是嫌疑犯，因而，剩下的二静便应该是嫌疑犯。但二静所说的话"三心说谎"，却与本假设自相矛盾。所以，三心不是嫌疑犯。

（4）综合前面所述，可知二静、四忆两位是绝对不说谎话的嫌疑犯。而一甘、三心和五玛是有时说真话，有时说谎话的真凶。

所以答案是：嫌疑犯是二静、四忆；真凶是一甘、三心、五玛。

5.首先，因为无辜者是不会自称抢劫犯的，所以，A不可能是无辜者。这样A或者是杀人犯，或者是抢劫犯。

假定A是抢劫犯。如果A是抢劫犯，B就不可能是抢劫犯了，抢劫犯只有一个。这样，B就是无辜者。这样一来，A、B、C三人分别是抢劫犯、无辜者、杀人犯。杀人犯是说假话的。C说："我不是抢劫犯"，此话假，那么，C就是抢劫犯了。这样，抢劫犯就有两个了，与设定的条件矛盾。因此，设A是抢劫犯是不能成立的。因此，A是杀人犯。这样，B的话成了假话。他必定是抢劫犯（既然A是杀人犯，B不会也是）。由此可见，A是杀人犯，B是抢劫犯，C是无辜者。

6.亨利说，这个案件可以从分析A、B、C三者的口供入手。而从A的口供入手更好一些。A说："我既然被捕了，我当然要编造口供，所以我并不是一个十分老实的人。"分析这句话，就可以推定A的口供有真有假。因为，如果A的口供全是真的，不会说自己编造口供；如果A的口供全是假的，那么他就不会说自己不十分老实。既然A的口供有真有假，那么B的口供或者是全真的，或者是全假的。而B说："A从来不说真话。"由此可见，B的这句话是假的，这就可判定B的话不可能是全真的，而是全假的。既然B的话全假，那么C的话是全真的。而C说A是杀掉下院议员的罪犯，B不是盗窃作案者，所以B是抢劫芭蕾舞演员珠宝的罪犯，而盗窃油画的罪犯只能是C本人了。

7.C是罪犯。根据所给的前提条件：（2）如果A是罪犯，那B一定是同案犯。（3）是说盗窃发生时，B在喝咖啡，因此可知：B没有犯罪。根据逆否命题，我们可知：A也不是罪犯。而（1）说，三者至少有一个人是罪犯，因此我们就可以推出：C是罪犯。

8.（1）若是甲做的，则三人说话中有二真一假，不合题意。

（2）若是乙做的，则三人说话中还是二真一假，不合题意。

（3）若是丙做的，则三人说话二假一真，则符合题意。

所以得到结论是丙做的。这种方法是穷举法，找出全部可能进行判断。

9.乙是盗窃犯。甲是无辜的，不然他的四句话中就会有三句是谎言。所以他说5月12日和丁一起在P市度过的是谎言。丁说与甲在P市是谎言（因与甲的谎言一样）。所以其余三句是真的，他是无罪的。丙说甲帮助乙盗窃是谎言，因为甲自己已经说过对犯罪过程一无所知。所以丙说乙是罪犯，自己是无罪都是真的。而乙则只有说自己是清白无辜的这一句是谎言，其余都是真的。因此，乙就是盗窃犯。

10.李四说真话。假设张三说真话，则李四在说谎。因为李四说："王五在说谎。"所以王五说实话，即张三、李四都在说谎，这与原假设矛盾。

假设李四说真话，即王五说谎，所以张三、李四不都说谎话，又因为张三说："李四在说谎。"所以与原假设不矛盾。

假设王五说真话，则可以推断张三、李四都说真话，这与原假设矛盾。

综上我们得出结论李四说真话。

11.乙、丁的口供相矛盾，必有一真一假，那么甲的口供是假话，所以甲是罪犯。

12.现在是上午，胖的是哥哥。

假设：现在是上午，那么哥哥说实话，也就是较胖的是哥哥。那么没有矛盾，成立。

假设：现在是下午，那么弟弟说实话，而两个人都说我是哥哥，显然弟弟在说谎话，所以矛盾。

13.他是小头弟弟。如果说话的人讲的是真话，那他会是大头哥哥，应持有一张黑牌，但是他绝不可能既讲真话而又持有黑牌的。因此，他必然在说假话，所以，他不会是持黑牌的大头哥哥，而一定是持有黑牌的小头弟弟。

14.不正确。两人猜拳的排列组合有9种（3×3），所以有1/3的机会是平局。三人猜拳要复杂一些，其排列组合有27种（3×3×3），平局的情况如下：

（1）石头、石头、石头；

（2）石头、剪子、布；

（3）石头、布、剪子；

（4）剪子、剪子、剪子；

（5）剪子、石头、布；

（6）剪子、布、石头；

（7）布、布、布；

（8）布、剪子、石头；

（9）布、石头、剪子。

由此可见，也是9种情况下出现平局，同样占1/3，和两人猜拳的概率一样，但所需要的时间要长得多。

15.B恐怕五次全都输给A。乍一看，A的建议好像很公平，可实际上只是利于他自己。因为只要A伸出的手指，总是表示"人"，就不论B伸出的手指，表示"人"还是"蚂蚁"，A都会胜。因为比赛的规则是"人"强于"蚂蚁"。

16.后摘的可以获胜。首先，如果先摘取者摘了一片花瓣，那么，后摘取者在花瓣的另一边摘去两片花瓣；如果先摘取者摘了两片花瓣，那么，后摘取者在花瓣的另一边摘去一片花瓣。这时剩下了10片花瓣，而且，后摘取者在第一次摘取时保证在摘取后，剩下的10片花瓣分成两组，并且这两组被上轮摘取的三个花瓣的空缺隔开。在以后的摘取中，如果先摘者摘取一片，后摘者也摘取一片；如果先摘者摘取两片，后摘者也摘取两片。并且摘取的花瓣是另一组中对应的位置，这样下去，后摘者一定可以摘到最后的花瓣。

17.是丁打碎的。推理如下：

（1）假定是甲打碎了古董，说真话者是乙、丙和丁；

（2）假定是乙打碎了古董，说真话者是丙和丁；

（3）假定是丙打碎了古董，说真话者是甲和丁；

（4）假定是丁打碎了古董，说真话的只有丙一人，所以古董是丁打碎的。

18.没有人会承认自己有钱，因为有钱的人说假话，不会承认有钱，没钱的人说真话，也不会承认有钱。因此，老五说的是假话，由此可知，老三没钱，说真话。老三所说的"老四说过：我们兄弟五个都没钱"因而是句真话，即事实上老四说过此话，但"我们兄弟五个都没钱"是句假话，因而老四有钱，可进而推知，他所说的"老大和老二都有钱"是句假话，即事实上老大老二两人中至少一人没钱。老大说的不可能是真话，否则老三说的是假话，这和已得到的结论矛盾。因此，老大有钱。又因为老大老二两人中至少一人没钱，所以老二没钱，说真话。概括起来，老大、老四和老五有钱，说假话；老二和老三没钱，说真话。

19.如果C作案，则A是从犯；如果C没作案，则由于B不会开车，不会单独作案，因此A一定卷入此案。C或者作案，或者没有作案，二者必居其一。因此，A一定卷入了此案。

20.由于队长和警员的总数是16名，从（1）和（4）得知：警员至少9名，男队长最多是6名。于是，按照（2），男警员必定不到6名。根据（3），女警员少于男警员，所以男警员必定超过4名。根据上述推断，男警员多于4名少于6名，故男警员必定正好是5名。警员必定不超过9名，从而正好是9名，包括5名男性和4名女性，于是男队长则不能少于6名。这样，必定只有一名测试你的逻辑推理能力的女队长，使得总数为16名。如果把一名男队长排除在外，则与（2）矛盾；把一名男警员排除在外，则与（3）矛盾；把一名女队长排除在外，则与（4）矛盾；把一名女警员排除，则与任何一条都不矛盾。因此，说话的人是一位女警员。

21.夫妻二人说因为他们的意见总是不一致所以要离婚，可是如果逻辑地想一下的话，他们不能离婚，因为在"要离婚"这一点上他们的意见是一致的，所以离婚的理由也就不成立了。

22.因为三个人都没有说真话，所以A不娶甲，甲不嫁C，所以甲只能嫁给B，而C不娶丙，那么C只能娶乙了。剩下的A只能娶丙了。

23.9天。可根据题意列出下表：

日	1	2	3	4	5	6	7	8	9
上午	晴	晴	晴	晴	晴	晴	雨	雨	雨
下午	雨	雨	雨	雨	晴	晴	晴	晴	晴

（6+5+7）÷2=9

24.可根据题意列出下表：

	中	日	美	英	法	德
A	×	×	×	×	×	√
B	×	×	×	×	√	×
C	×	×	√	×	×	×
D	×	√	×	×	×	×

183

E	×	×	×	√	×	×
F	√	×	×	×	×	×

A德国人，B法国人，C美国人，D日本人，E英国人，F中国人。

25.可根据题意列出下表：

	第一名	第二名	第三名	第四名	第五名
甲			乙×		丙×
乙				戊√⑤	丁√④
丙	甲×			戊	
丁	丙√③	乙√①			
戊			甲√②	丁×	

第一名：丙，第二名：乙，第三名：甲，第四名：戊，第五名：丁。

26.先把四人的证词列表如下：

发言者	铁君	秀君	政君	龙君	
凶器	手枪	刀子	刀子	手枪	2
地点	河堤上	大桥上	河堤上	熊本家	2
时间	10时	9时	11时	12时	1
尸体处置	投河	投河	掩埋	装箱	2
凶手	秀君	政君	龙君	铁君	1

由表可知，关于谁是凶手，四人的说法互不相同，因而其中最多只能有一个人是对的。关于作案时间，同样也最多只能有一人的说法是对的。关于作案地点，如果大桥上或熊本家是正确的话，则正确的证词只有一个，如果河堤上是正确的，则正确的证词就是两个，可见关于这一项证词，最多也是各有两个是正确的。同样地，关于凶器和尸体处置的证词，最多也是各有两个是正确的。各项正确证词的最多个数写在了表的最右一列中。由以上分析可知，在全部的20个证词中，最多只有8个是正确的。

另外，题目告诉我们四个人每人都提供了两条正确的证词，因而在上表中实际上要有8个证词是正确的。这与上述的正确证词的最多可能个数相一致，因而表右列给出的正确证词的最多可能数就是正确证词数。由此出发进行分析，不难得到：作案地点是在河堤上，尸体的处理方法是投入河中。由此还可以继续推断出凶器是刀子，作案时间是12时，凶手是铁君。

27.C盒子里有匕首。因为A盒子上的话和D盒子上的话不能同时都是假的，所以能断定C盒子里有匕首。

28.这样的结果是可以发生的。第一次：甲、乙、丙、丁；第二次：乙、丙、丁、甲；第三次：丙、丁、甲、乙；第四次：丁、甲、乙、丙。

29.李四。如果张三说的是实话，那李四、阿七说的也不错。但只有一个人说实话，可张三、李四、阿七说的都是假话，只有王五说的是实话，李四是头。

30.根据（1）和（2），如果甲练的是手枪，那么乙练的就是步枪，丙练的也是步枪。这种情况与（3）矛盾。因此，甲练的只能是步枪。于是，根据（2），丙练的只能是手枪。因此，只有乙才能昨天练手枪，今天练步枪。

31.如果小李第一成立，则（丙）中小李不可能第三，于是小陈第二；则（乙）中小陈第四错,于是小张应第一。这与小李第一矛盾。如果小刘第三正确,则(丙)中小李第三错,同时小陈第二对;则(乙)中小陈第四错,同时小张第一正确。所以,小张第一,小陈第二,小刘第三,小李第四。

32. 丁组。因为甲+乙=丙+丁,丙+乙<甲+丁,甲<乙,丙<乙;可得:甲+乙-丙=丁,丁>乙+丙-甲;所以甲>丙,乙<丁。因此,丁组力气最大,乙组第二,甲组第三,丙组最小。

33. (3)。其实这道题中,只有第一个断定是有用的,另外两个断定都是干扰项。因为C的票数多于D,但是E并没有得到最佳警员。根据第一个条件:如果A大于B,并且C大于D,那么E是最佳警员,现在C大于D成立,但是E没有得最佳警员,那么显然A大于B这个条件不能成立。也就是说A的票数不比B多。所以(3)是正确的。其他的情况,要注意的是,有可能会有票数相同的情况出现,所以不能断定其他3个选项是否正确。

34. 假如乙是老实国人,他回答一定是"老实国人"。如果他是说谎国人,他要说谎,回答也一定是"老实国人"。丙如果是说谎国人,他在转述乙的回答的时候必定要说谎,就会说成"他说他是说谎国人"。可是丙并不这样说,可见他没有说谎,他是老实国人,而甲、乙两个都是说谎国人。

35. 只要随便问其中一个人,"如果我问你的兄弟应该走哪条路,他会怎么回答我?"然后按照与答案相反的方向走就可以了。这其实是一道数学逻辑题。假设指示正确方向的答案为命题P,即如果直接问两兄弟,则说真话的会回答P,说假话的会回答非P。那么,按照上面所述的方法提问,假使你问的是会说真话的人,他告诉你的就是会说假话的那个人的答案,即非P;假使你问的是会说假话的人,那么他一定不会如实告诉你自己兄弟的回答,所以得到的答案仍然是非P。所以,无论你问的是哪一个,正确答案都是与他的回答相反的。

36. 先作如下分析:
    (1) 假如张三记错,那么张三不是A型,而李四是O型,小赵是AB型,因此张三必为B型,小钱必为A型。与小钱说的"我不是AB型"没有矛盾。
    (2) 假如李四记错,这种情况实质上与(1)相同,没有矛盾。
    (3) 假如小赵记错,那么小赵不是AB型,而张三是A型、李四是O型。于是小赵是B型,小钱是AB型。这与小钱说的话不符,这也是不可能的。
    (4) 假如小钱记错了,那么小钱是AB型,于是小赵不是AB型,这与小赵说的话不符,这也是不可能的。

    由上可知,四人中要不是张三记错,那便是李四记错,所以只可能是上述两种情形中的一种。

37. 设:A是X部落的人。(1)如果A遇见的B是X部落的人,那么,B就会说自己是X部落的人(因X族人是说真话的),这时,A向旅游者如实地传达了这个回答。(2)如果A遇见的B是Y部落的人,那么,B也会说自己是X部落的人(因Y部落的人是说假话的),这时,A也向旅游者如实地传达了这个回答。

    设:A是Y部落的人。(1)如果A遇见的B是X部落的人,那么,B就会说自己是X部落的人，由于A是Y部落的人，他是说假话的，所以，他会把B的回答向旅游者传达为"B说他是Y部落的人"。（2）如果A遇见的B是Y部落的人，那么，B就会说自己是X部落的人，而A也会把B的回答传达为"他说他是Y部落的人"。从给定条件可知，A对旅游者传达的话是："他（指B）说他是X部落的人。"可见，假定A是Y部落的人时得出的（1）、（2）两个结论，都是与题目给定条件相矛盾的；只有前一个假定（即假定A是X部落的人），才符合题目给定条件。所以，做向导的A是X部落的人。

38.河水能喝。"风和日丽"一词表明那天是晴天。所以如果那个居民是真话部落的，他回答"是个好天气"这句话时，说的就是"是"，那么回答"这水能喝吗"时，说的就是"可以"。如果那个居民是谎话部落的，那他回答"是个好天气"时，说的就是"不是"，回答"这水能喝吗"时，说的就是"不能"，但是他说的是谎话。所以那个人无论是真话部落还是谎话部落，那泉水都是可以喝的。

39.侦探的结论是可信的。假设所有B城人的头发都不一样多。不妨把所有的B城人按其头发的数量由少至多作一排列。由条件，B城人中无秃子，所以，在上述排列中，第一个B城人的头发不会少于1根，第二个人头发的数量不会少于2根，第三个人不会少于3根……因此，最后一个人，也就是头发最多的B城人的头发，一定不少于B城人的数量。这和本题的条件矛盾。本题的条件是，B城人的数量，比任何一个B城人的头发都多。因此，至少有两个B城人的头发一样多。

40.分别假定陈述（1）、陈述（2）和陈述（3）为谎言，则没有两个陈述能同时为谎言。因此，要么没有人说谎，要么只有一人说了谎。根据（4），不能只是一个人说谎。因此，没有人说谎。由于没有人说谎，所以既不是谋杀也不是意外事故。因此，达纳死于自杀。

注：虽然（4）是真话，但（1）和（2）也都是真话，达纳居然是死于自杀。存在这种情况的理由是：当一个陈述中的假设不成立的时候，不论其结论是正确还是错误，这个陈述作为一个整体都是正确的。

41.供词（2）和（4）之中至少有一条是实话。如果（2）和（4）都是实话，那就是柯蒂斯杀了德怀特；这样，根据Ⅰ，（5）和（6）都是假话。但如果柯蒂斯杀了德怀特，（5）和（6）就不可能都是假话。因此，柯蒂斯并没有杀害德怀特。于是，（2）和（4）中只有一条是实话。根据Ⅱ，（1）、（3）和（5）中不可能只有一条是实话。而根据Ⅰ，现在（1）、（3）和（5）中至多只能有一条是实话。因此（1）、（3）和（5）都是假话，只有（6）是另外的一条真实供词了。由于（6）是实话，所以确有一个律师杀了德怀特。根据前面的推理，柯蒂斯没有杀害德怀特；（3）是假话，即巴尼不是律师；（1）是假话，即艾伯特是律师。从而，（4）是实话，（2）是假话，而结论是：艾伯特杀了德怀特。

42.珍妮是这样推论的——凯瑟琳举手了，这说明我和汤姆两人中，至少有一个人是戴红帽子的；同样，汤姆举手了，这说明我和凯瑟琳两人中，至少有一个人是戴红帽子的。如果我头上不是戴红帽子，那么，凯瑟琳会怎么想？她一定会想："汤姆举了手，说明珍妮和我至少有一个人头上戴红帽子，现在，我明明看到珍妮不戴红帽子，所以，我一定戴红帽子。"在这种情况下，凯瑟琳一定会知道并说出自己戴红帽子。可是，她并没有说自己戴红帽子。可见，我头上戴的是红帽子。如果我不是戴红帽子，汤姆会怎么想？他的想法和凯瑟琳是一样的："凯瑟琳举了手，这说明珍妮和我两人中至少有一个人头上戴红帽子。现在，我明明看到珍妮头上不戴红帽子。所以，我一定戴红帽子。"在这种情况下，汤姆一定会知道自己戴红帽子，可是，汤姆并没有这样说。所以，我头上戴的是红帽子。珍妮的推论是完全合乎逻辑的。本章题记所举的例题也可用类似的思路来分析。该题以同样的问题先后问了A、B、C。A、B均说自己猜不出。据此，聪明的C猜到自己头上戴的是红帽子。C的推论如下：A猜不出，说明B和我两人中至少有一个人戴红帽子；B猜不出，说明A和我两人中至少有一个人戴红帽子。如果我戴蓝帽子，A和B肯定能判断自己戴红帽子，他们都猜不出，可见我戴的是红帽子。

43.根据（2），最佳警员和最差警员的年龄相同；根据（1），最佳警员的孪生同胞和最差警员不是同一个人。因此，四个人中有三个人的年龄相同。由于王先生的年龄肯定大于他的儿子和女儿，从而年龄相同的三个人必定是王先生的儿子、女儿和妹妹。这样，王先生的儿子和女儿必定是（1）中所指的孪生同胞。因此，王先生的儿子或女儿是最佳警员，而王先生的妹妹是最差警员。根据（1），最佳警员的孪生同胞一定是王先生的儿子，最佳警员无疑是王先生的女儿。

44.根据四个人的话，可以得到如下推测：（1）小赵比小孙晚进门；（2）小钱比小李晚进门；（3）小孙比小钱晚进门；（5）小李不知道早晚。根据前三条推测，小赵比小孙晚、比小钱晚、又比小李晚，即最后进门的是小赵。

45.侦探问甲卫兵，"请你说，乙将如何回答，他手里的酒是毒酒还是美酒。"甲卫兵的回答只能有两种：第一"乙将答，他手里拿的是毒酒。"侦探据此有如下推理，如果甲卫兵说的是真话，那么乙卫兵的回答就是假的，则他手里拿的不是毒酒而是美酒。如果甲卫兵说的是假话，则由这句话直接可以推出乙卫兵拿的不是毒酒而是美酒。因此，不论甲卫兵说的是真话还是假话，侦探都可以根据他的这句话判定乙卫兵拿的是美酒。第二，"乙将答，他手里拿的是美酒。"侦探据此可以做出与上述相似的推理。因此，不论甲卫兵说的是真话还是假话，侦探都可以判定乙卫兵拿的是毒酒。侦探充分利用甲乙之间不可同真不可同假的矛盾关系，构筑一系列的推理，挽救了自己的生命。

46.从"甲有三个妹妹""乙有一个哥哥"，可知全家共有三个女的。再从"丙是女的，她有两个妹妹"及"戊有两个姐姐，己也是女的，但她和庚没妹妹"，可以推出丙、己、丁是女的，其余甲、乙、戊、庚是男的。

47.由年龄最小者和死者是异性，可知死者不是年龄最小者。又因从犯比死者年龄大，可知从犯是父或母。又因年龄最大者和目击者是异性，而父亲年龄最大，因此，目击者是女性。又因从犯和目击者是异性，故从犯是男性因而是父亲。如果死者是女性，则由年龄最小者和死者是异性，可知年龄最小者是男性并是凶手（因为目击者也是女性），但由条件，"凶手不是年龄最小者"，因此，死者是男性即儿子，并因而年龄最小者是女性，即女儿。同样因为凶手不是年龄最小者，所以，凶手是母亲，女儿是目击者。

48.（1）是D讲的。（2）是B讲的。（3）是E讲的。（4）是C讲的。B和C是兄弟俩；A是B的妻子；E是A的母亲；D是C的女儿或儿子。

49.如果丙作案，则甲是从犯；如果丙没作案，则由于乙不会开车，不会单独作案，因此，甲一定参与作案。丙或者作案，或没有作案，二者必居其一。因此，甲一定参与作案。

50.七个人观点如下：张三：星期一；李四：星期三；王五：星期二；赵六：星期四、五或者日；刘七：星期五；孙八：星期三；周九：星期一、二、三、四、五或六。综上所知，除了星期日外，都不止一方说到，因此，今天是星期日，赵六所说正确。

51.丙是受害者。假设甲是受害者，那么丙的话虽然是对受害者说的却又是真的，所以，甲不可能是受害者。假设乙是受害者，那么甲和丁的发言虽然是对被害者说的却又是真的，所以乙不可能是受害者。假设丁是受害者，那么乙的话是对受害者说的却又是真的，所以丁不可能是受害者。综上可知，丙就是受害者。

52.假设甲是无辜者，则"甲不是帮凶"就是真话。由于只有无辜者才说真话，所以这句话就必定是甲说的，但从条件"每句话的所指都不是说话者自身"来看，因此，矛盾！假设不成立。甲不是无辜者。假设乙是无辜者，则"乙不是凶手"就是真话。同样由于只有无辜者才说真话，所以这句话就必定是乙说的，同理，矛盾！假设不成立。乙不是无辜者。因此，无辜者是丙。由条件，"三句话中至少有一句话是无辜者说的"，又第三句话不可能是丙说的，因此，第一句和第二句话中，丙至少说一句话。如果丙说的是"甲不是帮凶"，则事实上甲不是帮凶，而是凶手，乙是帮凶，因而"乙不是凶手"就是真话，因而也是丙说的；如果丙说的是"乙不是凶手"，则事实上乙不是凶手，而是帮凶，同样甲是凶手，因而"甲不是帮凶"还是真话，仍然也是丙说的。总之，第一和第二句话都必然是丙说的。事实上甲是凶手，乙是帮凶。

53.D的前额系的是白牌。分析过程如下：（1）推知E前额上系的是什么颜色的圆牌。E说："我看见四块白牌。"如果E说的是真话，那么A、B、C、D四个人讲的全是真话，这样，他们应该都说："我看见四块白牌。"但是事实上，A、B、C都没有这么说，可见，E说的不是真话。即E前额上系的是黑牌。（2）推知B前额上系的是什么颜色的圆牌。B说："我看见四块黑牌。"如果B说的是真话，首先可以得出两个矛盾的结论。一方面，如果B说的是真话，C一定是系黑牌的（除B以外的A、C、D系的都是黑牌）；另一方面，如果B说的话是真的（系的是白牌），那么，C说的"我看见一块白牌和三块黑牌"这句话也是真的（即系白牌）。根据归谬式推理（如果甲，那么乙；如果甲，那么非乙；乙而且非乙恒假；所以非甲）。B说真话是不可能的，即B系的是黑牌。（3）推知A前额上系的是什么颜色的圆牌。A说："我看见三块白牌和一块黑牌。"如果A说的是真话，那么五个人中只有一个挂黑牌。但是，以上已推知B、E系的是黑牌。所以，A说的不可能是真话。因此，A系的也是黑牌。（4）推知C、D前额上系的是什么颜色的圆牌。C说："我看见一块白牌和三块黑牌。"假定C的这句话为假，那么D系的应该是黑牌（因为如果D系的是白牌，那么C说的便是真话了）。如果D系的是黑牌，那么B说的"我看见四块黑牌"就成了真话。但是上面已推知B说的是假话，所以C说的是假话这个假设是不能成立的。既然C说的"一块白牌和三块黑牌"是真话，且已知A、E系的都是黑牌，即可以推知D系的是白牌。

54.主犯是B。注意问题中的提示，即三条证词不一定是出自三人之口。

我们首先来判断三条证词中几条是实话几条是谎话。根据第一条证词以及三条证词中提到的三个名字，可知这三条证词不可能为一人所说，因而由第三条证词可知其中必有谎言。另由第二条、第三条可知，三条证词中至少要有一条是实话，这就是说，在这三条中少则一条、多则两条是谎话。

其中有两条谎话。这里又多了以下三种情况。①（1）、（2）是谎话。这时A是主犯，B是从犯，因而C是无关者，由此可以推知（3）也是谎话，这与上面的分析结果相矛盾。②（1）、（3）是谎话。这时A是主犯，C是无关者，因而B是从犯。由此可推得（2）也是谎话，也与上面的分析结果矛盾。③（2）、（3）是谎话。这时B是帮凶，C是无关者，因而A是主犯，由此可推得（1）也是谎话。这仍与上面的分析结果矛盾。

由以上分析可知，证词中的谎言不可能是两条，只可能是一条。先设（1）为谎言，（2）、（3）为实话。这样，讲实话的人，即与案件无关者是A。这样一来，（1）也就不是谎言了，这与上面的假设矛盾，故（1）不为谎言。其次，假设（2）为谎言，（1）、（3）为实话。这样，讲实话的，即与案件无关者必是B，这与（2）为谎言的假设相矛盾，故（2）也不是谎言。最后，假设（3）为谎言，（1）（2）是实话，这时由（1）、（2）及上述分析可知，与案件无关的人是C，从犯是A，主犯是B，这与（3）是谎言不矛盾，因而是问题的答案。

55.（1）应选B。根据已知条件4、5可排出其中四人的高矮顺序：山姆、伊恩、阿里、玛丽。由此可见，如果伊恩比阿里高，那么山姆肯定比玛丽高。

（2）应选C。由已知条件2、3和附加条件可知，约翰、玛丽、山姆和保罗四人中，约翰的体重最重，其次是玛丽和山姆，保罗的体重最轻，而C中所示体重恰恰相反，即保罗的体重重于约翰的体重，所以错。

（3）应选E。

（4）应选C。根据已知条件1、5和本题附加条件可排出下列五人从高到矮的顺序：卡尔文、巴里、哈里、阿里、玛丽，这样我们就可以很明显地看出卡尔文高于玛丽，因此C对。而A、B、D由于条件不充分，推出结果当然也是不可靠的。

56.E。由于周未被选上，而根据题设，张、周两个人中至少选上一个，所以张肯定被选上了。如果孙被选上，但选项中没有这样的组合。这样，一定是赵被选上了。因此，正确的答案是赵、张，即选项E。

57.八位警员所说的话中，有六位警员是互相矛盾的。周警员和王警员互相矛盾显而易见。赵警员断言：在王、吴两警员中至少有一个人射中；而吴警员说自己同王警员没有射中。这两个判断根本对立，因而也是互为矛盾的。钱警员与李警员的话也互为矛盾。互相矛盾的判断不能同真，不能同假；必有一真，必有一假。因而，以上六位警

员有三人猜对，三人猜错。如果八位警员有三位警员猜对，那么孙警员与郑警员猜错了，可推出逃犯是孙警员射中的。如果八位警员有五位警员猜对，那么孙警员与郑警员猜对了，可推出逃犯是郑警员射中的。

58.（1）根据两人的供词真假，可推论出葛辟的可能死因如下：

A.若江狮说真话，则：葛辟是被谋杀，但不是何虎所为。

B.若何虎说真话，则：葛辟不是自杀，就是被谋杀。

C.若何虎说假话，则，葛辟的死因是意外。

（2）由A及C，可知提示2并不符合实情。因为如果提示2符合实情，则何虎的供词就会为假。如此一来，便会自相矛盾。因此，提示3才符合实情。

（3）既然提示3符合实情，则知江狮和何虎两人中有一人说谎。参照提示3，B及C，可知，说谎的人是江狮。

所以，答案是：葛辟是死于被谋杀。

59.本题可利用假设法来解决。若是一组或二组得金牌，则甲、丙、乙都对。若是三组，则甲、丙、丁都错，只有乙对。这样由判断语言的逻辑关系，找到正确的结论，即三组获得最佳专案小组。这类问题需要我们运用语言间的逻辑关系进行判断。

60.（1）应选（C）。根据已知条件1和2可知乔治不能入选；根据已知条件3，可知罗伯特不能入选，除他们两人外其余四人都有资格，故选（C）。

（2）应选（D）。根据已知条件3可排除罗伯特，其他人均可入选。

（3）应选（B）。因为艾略特和伦纳德拒绝进入专案小组，这就意味着所剩的男性候选人只有乔治和罗伯特两人，而这个专案小组由三人组成，这样势必有女性参加，根据已知条件3，罗伯特又不能入选，因此真正留下的候选人只有四人，其中乔治和珍妮又是亲戚关系，又不能一同进入专案小组，否则违反已知条件1和2，所以可能的组合只有两种：一种是乔治、海伦和苏三人组成，另一种是珍妮、海伦和苏组成。

（4）应选（D）。因为入选的是乔治，根据已知条件1和2可排除珍妮；因为专案小组不能全部由同性人员组成，根据已知条件3可排除罗伯特。其余四人均有资格当选为另两位专案小组成员，故选（D）。

（5）应选（E）。

61.（1）由提示中，可初步得出以下线索：

A.由1可知，剑法和暗器并非同一个老师任教。

B.由3可知，拳脚和暗器并非同一个老师任教。

C.由3可知，郭静不是拳脚老师也不是暗器老师。

D.由4可知，拳脚和轻功并非同一个老师任教。

E.由5可知，内力和轻功并非同一个老师任教。

F.由5可知，黄容不是内功老师，也不是轻功老师。

G.由4及2可知，黄容不是拳脚老师。

（2）根据如上的线索，可进一步做出如下推论：

H.由C的前半段及G，可知，洋果是拳脚老师。再由此加上B及C的后半段，可知，黄容是暗器老师。再根据D及F的后半段可知，郭静是轻功老师。

I.再根据E及F的前半段，可知，洋果是内功老师。

J.同理，再根据A可知，郭静是剑法老师。

K.最后，根据H、I、J可知，黄容是点穴老师。

答案是：

郭静：轻功，剑法。

黄容：暗器，点穴。

洋果：拳脚，内功。

62.要分析第一个警员司机的目的地，必须抓住："恰有两辆开往A市，有三辆开往B市"，以及第二、第三个警员司机都说"不知道"这些关键条件深入分析。

根据第三个警员司机说自己不知道开往何处，说明第一辆和第二辆车不是都开往A市，否则这第三辆车的警员司机应该知道自己是开往B市的，即：

① ABB

② BAB

若第一辆车是开往A市的，则第二辆车的警员司机应能够判别自己是开往B地的，但由题设第二辆车的警员司机不知道自己开向何处，所以第一辆车不是开往A市的，故第一辆车的警员司机应该断定自己应开往B市。

63.从条件1和6可知，英国旅客坐在B先生的左侧，窗子在英国旅客的左边，所以英国旅客坐在靠窗一边，而B先生是挨过道边坐的。

从条件3知"穿黑色大衣者坐在德国旅客的右侧"，可推出德国旅客坐在B先生对面靠过道一边；穿黑色大衣的旅客坐在英国旅客对面，也是靠窗坐的。

条件4明确指出："D先生的对面坐着英国旅客"。由于4人中英、德两国籍的旅客的位置已确定，所以他两对面的旅客绝不可能是D先生，D先生只可能是德国和英国旅客两者中的一个。假定德国旅客是D先生，那么根据条件4，B先生便是美国人了，于是坐在D先生旁边的穿黑色大衣的便是俄国旅客（据条件3），这显然与条件5"俄国旅客身穿灰色大衣"，相矛盾，所以假设不成立，D先生绝不是德国旅客，而是英国旅客。既然英国旅客对面坐的是美国旅客，那么他旁边坐的B先生便是俄国旅客，身穿灰色大衣。

从条件2知道，A先生是穿褐色大衣的，所以他只能是德国旅客。剩下的是美国旅客就是C先生。四位旅客所坐位置如图所示：

通过上述推理得知，穿蓝色大衣的间谍一定是坐在D位上的英国旅客。

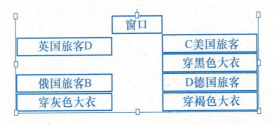

64.（1）应选C。此题可用排除法解：A和B违反已知条件6；D违反已知条件4；E违反已知

条件5。只有C符合所有题设条件，故选C。此题还可用排列组合的方法来解答。根据排列组合原理，组合的种数为18种，除去条件限制不能组合的13种，能够组合的只剩下五种：J、M、O、R、S；K、M、N、P、R；K、M、N、R、S；K、N、O、R、S；K、M、O、R、S。这里只有C与其中的一种组合相符合，故选C。

（2）选E。根据已知条件4，三个工人中P和S是相排斥的，而三人中必须选出两名工人代表，因此不管是P还是S入选，R必定入选，因为P和S不可同时入选。

（3）选D。根据题设条件和本题条件可以推断，这个专案小组的成员将由P、R、M、N和K五人组成。因为两名工人代表确定后，根据已知条件5，可推出两名管理人员代表是M和N；再根据已知条件6，可推出一名专家代表为K。因此只有X和Y的判断对。故选D。

（4）选D。根据题设条件及本题题意，两个专家中J入选后，K便不能入选，由此可推出管理人员中N不能入选（已知条件6）。N不能入选，O就一定入选，这样工人代表中P不能入选（已知条件5）。因此入选的五位专案小组成员肯定是：J、M、O、R、S，而名单中含有K、N、P中任何一个人的那份名单均不可能正确。

（5）选E。根据本题题意和已知条件6，可知专家代表为K。而管理人员的两名代表既可以是M和N，也可以是N和O，因为不管哪种情况都符合所有条件。因此E肯定正确。

（6）选C。因为J被选入专案小组，K就不能选入，否则违反已知条件3；而K不选入，N也不能选入，否则违反已知条件6；N不选人，O必被选入，因为管理人员三人中必有两人选上；既然O被选入，P便不能被选入，否则违反已知条件5。

65.（1）选C。根据题意与已知条件4，很明显C是肯定对的。既然海伦不能与艾琳在同一个专案小组工作，那么，如果海伦在专案小组X，艾琳必定在专案小组Y。

（2）选B。不是海伦在专案小组X，就是艾琳在专案小组X（已知条件4）。除此之外，还有一位是弗雷德里克（已知在条件3）。而在选择中，这三个人的名字只有海伦一人出现，因此只能选她了。

（3）选C。根据题意可推出卡林与艾琳在同一个专案小组。既然卡林与艾琳在一起，那么海伦就不能跟他在一起，否则违反已知条件4。

（4）选D。类似这种题目，我们只能用排除法来做，看哪个选择完全符合条件才能断定。下面我们一个一个来分析：

先看A。如果A是正确的，那么根据选项所给条件和已知条件3、4，我们可以得出，肯定在专案小组X的人是海伦、乔治娅和乔治。但是卡林没有得到限制，他既可以在专案小组X，又可以在专案小组Y，这就不可能是唯一可能的分配方案。

再看B。由题意和已知条件3可推出：乔治和乔治娅在专案小组X，卡林、拉蒙特和弗雷德里克在专案小组Y。尽管我们可以从已知条件4知道海伦与艾琳不在同一个专案小组，但是我们还是不能确定究竟谁分在哪个专案小组，因此这也不是唯一的分配方案。

然后我们来看看C。根据题意和已知条件3，我们可以知道，专案小组X里有乔治娅、拉蒙特和乔治，专案小组Y里有弗雷德里克，而海伦、艾琳和卡林的位置不能确定，这样就会有更多的选择，因此C肯定是错的。

现在我们来看看D。根据题意我们可推出专案小组X有五人，而专案小组Y有两人。既然海伦在专案小组X，那么艾琳肯定在专案小组Y（已知条件4）。现在专案小组Y只能再进一人，根据已知条件3，可推出这个人一定是弗雷德里克，而其余人员只能到专案小组X工作，这是唯一的分配方案，因此D肯定是正确的。

最后我们再看一看E。根据题意和已知条件4，我们只能推出艾琳和其他三人在专案小组Y，海伦和其他两人在专案小组X，其余人员在哪个专案小组根本无法再推下去，故E也是错误的。

66.从否定八条供词入手，进而判定这四个病人到达精神病医生寓所的先后顺序以及精神病医生被杀害的时间。

根据Ⅱ，在传讯前，这四个病人共同商定，每人向警方作的供词条条都是谎言。从这八条假供词的反面可得出以下八条真实的情况：

（1）这四人中的一人杀害了精神病医生。
（2）甲离开精神病医生寓所的时候，精神病医生已经死了。
（3）乙不是第二个去精神病医生寓所的。
（4）乙到达精神病医生寓所的时候，精神病医生仍然活着。
（5）丙不是第三个到达精神病医生寓所的。
（6）丙离开精神病医生寓所的时候，精神病医生已经死了。
（7）凶手是在丁之后去精神病医生寓所的。
（8）丁到达精神病医生寓所的时候，精神病医生仍然活着。

根据这里的真实情况（1）、（4）、（8）、（2）和（6），乙和丁是在埃里和丙之前去精神病医生寓所的。根据真实情况（3），丁必定是第二个去的。从而乙是第一个去的。根据真实情况（5），甲必定是第三个去的；从而丙是第四个去的。

精神病医生在第二个去他那儿的丁到达的时候还活着，但在第三个去他那儿的埃费里离开的时候已经死了。因此，根据真实情况（1），杀害精神病医生的是甲或者丁。

根据真实情况（7），甲是凶手。

67.先把这个岛民的回答整理成表。

	对方	100米第一名	100米第二名	100米第三名
高个子的回答	两面族	诚实族	两面族	说谎族
矮个子的回答	两面族	说谎族	诚实族	两面族

（1）这两个岛民不是诚实族的。因为如果有一个是诚实族的话，那么，他的对方一定是两面族的（因两人都说对方是两面族的）。再说，如果两人都是诚实族的话，那么，对连续三个问题的回答是一致的，但由上表可知，关于100米赛跑的一、二、三名的族别的连续三个问题，他们两人的回答没有一个是一致的。由此可知他们两人都不是诚实族。

（2）这两个岛民不可能都是两面族的。因为如果两人都是两面族的话，那么，两人对第一个问题的回答就都是实话，从而对第三个问题的回答也应该都是实话，即回答应该相同。但实际上他们的回答是不同的，因而两人不可能都是两面族。

（3）也不可能一人为两面族，一人为说谎族。因为两人都说对方是两面族，如果真的是一人为两面族一人为说谎族的话，岂不是说谎族的人也说了实话。

（4）排除了上述三种可能，剩下的最后一种可能就是两人都是说谎族。

由此以及上表不难推出100米第一名是两面族，第二名是说谎族，第三名是诚实族。

68.每个人都恰好有三个特点。因此，根据（1）和（2），甲具有下列四组特点中的一组：

周密，细致，强壮

周密，细致，干练

细致，强壮，干练

强壮，聪明，干练

根据（1）和（3），乙具有下列四组特点的一组：

周密，聪明，细致

聪明，细致，强壮

聪明，细致，干练

细致，强壮，干练

根据（1）和（4），丙具有下列四组特点的一组：

细致，强壮，聪明

细致，强壮，干练

强壮，聪明，干练

聪明，周密，干练

根据上面的特点组合并且根据（1），如果甲具有干练的特点，那么乙和丙都是聪明而又细致的，甲就不能是聪明或细致的了。这种情况不可能，因此甲不具有干练的特点。

根据上面的特点组合并且根据（1），如果乙具有干练的特点，那么甲和丙都是细致的，乙就不能具有细致的特点了。这种情况不可能，因此乙不具有干练的特点。于是，丙必定是具有干练特点的人了。

我们还可以看出其中一人的全部三个特点，以及另外两个人各有的两个特点。由于丙是干练的，所以甲是周密、细致和强壮的；乙是既细致又聪明；从而丙不能是细致的，所以丙是既聪明又干练的人。

69.当时是上午，个子稍高的是姐姐嘉利。我们可以用假设法来解此题。

设：当时是下午。

假如当时是下午，那么嘉利是说假话的，珍妮是说真话的，因此当看管问"你们当中哪个是嘉利"时，无论稍高的还是稍矮的都会说"不是我"，而她们俩却都说"是我"。可见当时不是下午，而是上午。

既然当时是上午，那么"快到中午了"这句答话是真话，也即稍高的一个是说了真话；而"上午已经过去了"则是一句假话，也即稍矮的一个说的是假话。由于已知在上午说真话的是嘉利，说假话的是珍妮，所以稍高的一个是嘉利，稍矮的一个是珍妮。

70.（1）选D。A违反已知条件（5）和（6）；B和C违反已知条件（1）和（3）；E违反已知条件（3）和（6）；只有D符合所有条件，故选D。

（2）选A。由题设条件（1）和本题条件可知，贝蒂在第二天值班；由已知条件（5）可知吉娜在第五天值班；再由已知条件（3）可知爱丽丝在第三天值班；最后由已知条件（2）可知，卡门不在第四天值班，故选A。

（3）选C。由已知条件（2）和本题条件可知，卡门在第四天值班，哈里特在第五天值班，故排除B和E；由已知条件（3）可知吉娜在第三天值班；余下还有第二天和第六天，根据已知条件（5）可推出吉娜不在第五天值班，贝蒂也不在第二天值班，因此贝蒂将分配在第六天值班；余下的第二天只能分配给多拉，故选C。

（4）选E。由已知条件（5）与本题条件可知，吉娜在第五天值班；再由条件（3）可知，爱丽丝在第三天值班。除此之外，我们不知道其他人该在哪天值班，因此哈里特有可能在第一天，也有可能在第四天或第六天值班。因此选E。

71.（1）选A。选B违反已知条件1和2；选C违反已知条件3；选D违反已知条件1；选E违反已知条件1和3。

（2）选C。即正确排列的位置应是W、X、U、S、T、V。这个排列可满足所有的题设条件。而A、B、D、E的排列均不符合已知条件。

（3）选C。选A、B违反已知条件2。而选D、E则违反已知条件1。

（4）选A。根据已知条件3我们可以作出如下的一个假言推理：如果X排在S之前，那么，U一定排在V之前；V排在U之前，所以，S排在X之前。因此，S不可能在6号枪套。

72.（1）从提示10～12，可知，倩玛并非偷钻戒的小偷，否则就和题目每个人的话只有两真一假互相矛盾。据此，可再依序推知：

A.9是谎话。

B.8是真话。

C.15是谎话。

D.14是真话。

（2）所以，价值百万的名钻是桑巴偷的。

（3）其实。还有更简易的"攻顶捷径"：

E。因为每个人的三句话中只有一句谎话，而且只有一个小偷，所以，只要说自己没偷，而又说别人有偷，一定不会是小偷（不然的话都会是谎话）。

F。全部的人除了桑巴外，都说了那两句话。所以，钻戒是桑巴偷的。